선교 체질

지금 당신에게 필요한 선교가이드북

선교 체질

지금 당신에게 필요한 선교가이드북

초판 1쇄 인쇄 2023년 7월 5일
초판 1쇄 발행 2023년 7월 7일

지은이 | 최진용
펴낸이 | 허준영

펴낸곳 | 미라클스토어
등 록 | 제2023-000005호
주 소 | 부산광역시 명지국제5로 165 809-101
전 화 | 010-2587-5025
이메일 | readingtg@naver.com

디자인 | 참디자인

ISBN 979-11-983657-0-5 [03230]

선교
체질

지금 당신에게 필요한 선교가이드북

최진용 지음

M
MATIN
WORKS

정남철 선교사

일본 크리스천 프레이즈교회

2015년 어느 날 전혀 일면식도 없던 최목사님으로부터 갑자기 찾아와서 선교에 대해 조언을 구하고 싶다고 통화했을 때를 지금도 생생히 기억합니다. 저분은 도대체 누구시길래, 왜 갑자기 하필이면 나를 찾아오시려는 걸까? 어떤 다른 의도가 있으신 것은 아닐까? 그리고, 이른 시일 내에 방문하고 싶다고 하셨을 때, 그저 인사치레겠거니 싶었던 마음이 부끄럽지만 솔직한 첫 마음이 었습니다.

하지만, 얼마 되지 않아 곧바로 선교지를 방문해주시고 짧은 기간이었지만, 많은 이야기를 허심탄회하게 나누며, 최진용 목사님이 얼마나 선교에 대해 고민해오시고, 진심이신지 알 수 있었습니다. 단지 하나의 후원교회를 선정하거나, 단기선교를 위한 선교지 탐방 정도가 아니라, 앞으로 어떻게 하면 하나님께서 정말로 기뻐하시는 선교하는 교회로 세워갈 수 있을지, 깊이 고민하시며

기도하시던 중에 방문하신 것을 알게 되었습니다.

적지 않는 시간을 선교지에서 보내왔지만, 그런 이유로 선교지를 방문하여, 선교사에게까지 조언을 구하시는 목사님을 이제껏 본 적이 없었기에, 그날 이후로 이 젊은 목사님을 진심으로 존경하게 되었습니다.

사람이 할 수 있는 것을 해 주었을 때는 잘 감동을 받지 않지만, 그 사람이 도저히 할 수 없는 형편이고 상황임에도 해 주었을 때 상대방은 진심으로 감동을 받습니다. 그날 이후 8년이란 세월이 지나도록, 코로나까지 겹쳐서 본 교회 개척하는 일만으로도 고단하고 힘겨우셨을 텐데, 최진용 목사님과 큰빛교회 성도님들의 선교에 대한 사랑과 헌신은, 정말이지 아낌없이 향유 옥합을 깨트려 주님께 부어드렸던 여인의 모습과 같았습니다.

하나님께서 기뻐하시는 선교를 위해서라면, 선교사들이나 선교사 가족들, 선교지와 선교사역을 위해서라면, 어떤 상황이든, 어떠한 자리라도 마다치 않고 달려가시고, 어떻게든 돕고 협력하고 섬기려고 하시는 모습에 감동하였고, 그러면서도 선교사에게나 선교지에 조금이라도 폐가 되지는 않을까 더욱 조심해 하시는 목사님과 성도들의 모습을 뵐 때마다 더욱 감동이었습니다.

최진용 목사님이 목양하시는 큰빛교회는, 정말이지 초대교회

안디옥교회와 같이 선교하는 교회, 선교와 함께하는 교회, 선교 지향적 교회, 선교가 체질화된 교회라고 감히 말씀드릴 수 있습니다. 이 땅에서는 눈에 보이는 교세와 교회 건물이 교회의 크기를 좌우할지 모르겠지만, 하나님 나라에서는 부활의 주님이 주신 마지막 지상명령을 쫓아 얼마나 선교에 진심이었고 헌신했느냐가 중요한 기준이라 믿기에, 저는 큰빛교회가 이 땅에서는 별로 주목받지 못하는 아주 작은 교회일지는 모르나, 분명 이 시대에 하나님이 기뻐하시고 주목하시는 하나님 나라의 큰 교회라 확신합니다.

이 『선교 체질』이란 책은, 그간 지속해서 많은 선교사와의 교류와 나눔, 그리고 여러 선교 현장들을 직접 방문하고 체험하신 것을 바탕으로 쉬우면서도 아주 선교에 대해 잘 정리된 책입니다. 앞으로 섬기시는 교회를 좀 더 선교 체질로 바꿔 가시길 원하시는 교회나 현지 선교사와 관계 및 선교협력을 위해서, 효과적이고 지속적인 단기선교를 구체적으로 준비해 나가기를 원하실 때 아주 유익하여 교회 리더들이나, 단기선교 준비 교재나 훈련교재로도 아주 유익하리라 믿습니다. 선교의 주인 되신 하나님께서 포스트 코로나 시대에 이 책을 통해 고국의 교회들이 다시금 하나님의 선교 사명을 재확인하고, 새롭게 선교 체질화되어 가는 데 귀하게 사용되시기를 간절히 기도드립니다.

목차

추천사   정남철 선교사 · 5

서문   어쩌다 선교 · 10

1장   첫사랑처럼 다가온 선교 · 15

1   왜 하필 터키선교?! 선교에 마음의 문 열기 · 17
2   선교에 대한 걸림돌을 제거하라! · 21
3   선교는 선택이 아니라 필수! · 24
4   첫사랑처럼 다가온 첫 선교 · 28
5   선교편지는 하나님의 사랑이 담긴 연애편지다 · 31

2장   운명의 선교사를 만나라 · 35

1   100% 환영받는 '들이대' 선교 · 37
2   선교, 아무것도 몰라도 됩니다 · 42
3   선교와 사랑에 빠지다 · 46
4   운명의 선교사를 만나다 · 49
5   그럼에도 선교를 포기하지 않아야 하는 이유 · 53
6   선교도 과외가 필요합니다 · 56

3장   '선교 체질' 만들기 · 61

1   선교, 지금 그 자리에서 시작할 수 있습니다 · 63
2   강도 만난 선교사, 위로가 필요합니다 · 67
3   선교사는 슈퍼맨이 아닙니다 · 70
4   누구나 쉽게 선교회를 조직할 수 있습니다 · 73
5   선교포럼, 선교에 대한 깊은 생각 나누기 · 76

4장   선교 체질 교회 만들기 · **81**

　　　1　선교 체질이 되어가는 교회 · **83**
　　　2　단기선교의 힘 · **87**
　　　3　마카롱 선교를 통해 교회 문턱을 낮추다 · **91**
　　　4　스페인 선교를 통해 땅 끝을 경험하다 · **94**
　　　5　선교 플리마켓 · **98**
　　　6　선교지는 우상 공화국 · **101**

5장   진짜 선교를 시작하라! · **105**

　　　1　선교사의 자녀를 위한 사역 · **107**
　　　2　갑질 선교를 멈추고, 진짜 선교를 시작하라 · **110**
　　　3　선교의 속도 · **113**
　　　4　선교, 가볍게 여기지 말고, 계속하라 · **116**
　　　5　선교 체질, 놀아도 선교사와 놀아라 · **120**
　　　6　'어디 아는 선교사 없나?', 언제든 물어봐 주세요 · **124**

한국에서 쓴 편지

내가 가진 재능, '마카롱 클래스'로 일본에 복음을 전하다 · **131**

일본에서 온 편지

일본 선교만큼은 쉽게 생각하지 말고 신중히 접근하자,
그리고 포기하지 말자 · **138**

에필로그

마라나타, 선교의 완성 · **146**

어쩌다 선교

며칠 전 '출입국에 관한 사실 증명서'를 발급받았다. 지난 16년간 해외를 서른 번 다녀왔다. 그중에 한두 차례를 제외하고는 전부 선교지를 방문한 것이다. 어쩌다 시작한 선교가 이제는 선교하지 않고는 못사는 선교 체질이 되었다.

나의 첫 선교지는 일본 오사카였다. 당시 담당하고 있던 교회 대학부를 인솔하여 겁도 없이 일본으로 향했다. "아무리 생각해도 일본선교는 한국교회 책임"이라는 선교편지에 꽂혀서 무작정 들이댔던 선교였다. 흥미롭게도 첫 선교지인 일본으로 시작하여 많은 나라를 돌고 돌아서 결국 지금은 일본선교에 매진하게 되었다. 나의 선교는 처음도 일본, 마지막도 일본이 될 것 같다. 그때나 지금이나 일본을 생각하면 '가깝지만 먼 나라'가 아닌가 싶다.

이후로 탄력을 받아 거의 서른 번 가까이 단기선교를 다니게 되었다. 지금은 자주 못가지만 한때 열 번 이상 방문한 나라가 캄보디아였다. 거기에 나보다 어린 한 선교사의 삶을 보면서 선교가 무엇인지를 현장에서 생생하게 볼 수 있었다. 전기도, 물도 없는 열악한 환경 속에서도 현지인들의 눈높이에 맞춰서 함께 살아가며 지금까지 십수 년의 선교를 이어가고 있다. 이 선교사님을 통해서는 "선교는 선교지에 사는 것"임을 깨닫게 되었다.

특히 하루에 한 끼 산에서 잡은 식용 개구리와 정체를 알 수 없는 작은 물고기를 끓여서 먹는 마을에서의 식사는 아직도 잊을 수가 없다. 그 마을에 들어가 땅을 사서 농사하는 법을 알려주고 자립하도록 모든 지원을 했을 때, 그 마을 사람들이 선교사에게 물었다. "왜 우리에게 이런 호의를 베푸는가?" 선교사는 단 한마디로 대답을 했고! 그때로부터 마을 전체가 하나님을 믿기 시작하여 지금은 작은 교회당까지 세워지고, 현지인 목회자도 파송된 상태이다.

선교사는 "땅은 원래 하나님의 것입니다. 이 땅의 주인이신 하나님께서 당신들에게 땅을 주신 것입니다"라고 말했고, 마을 주민들은 "그 하나님을 우리도 믿어보고 싶습니다"라고 답했다. 나는 이런 사역들을 옆에서 지켜보면서 마치 사도행전에 나오는 선교사가 된 것만 같았다.

이처럼 지금도 하나님은 보냄을 받은 선교사들을 통해 다양한 방식으로 복음이 전파되게 하신다. 선교는 주님이 직접 말씀하신 지상명령이다. 어떤 모양으로든 선교에 동참해야 한다. 선교지로 직접 가든지, 아니면 보내든지, 둘 중의 하나는 해야 한다.

이 책은 평범한 목회자가 선교에 동참하면서 겪었던 시행착오와 소소한 경험들을 소개하므로 "아! 나도 선교에 동참할 수 있겠구나!"라는 작은 희망을 주고자 쓰였다. 그렇다. 선교는 전문적인 훈련을 받은 사람만이 할 수 있는 것이 아니다. '선교'라는 용어는 선교사들만 사용하는 전문용어가 아니라 하나님의 백성들이 늘 입에 달고 다녀야 할 일상용어이다.

나 역시 내가 만난 선교사를 소개하는 일에 최선을 다하고 있다. 일종의 소개팅을 주선하는 중매쟁이와 비슷하다. 비록 많은 것은 아니지만 내가 중매한 교회와 선교사들이 몇 커플은 된다. 나는 특히 개척교회 목회자들에게 선교지를 많이 소개하는 편이다. 위에서 소개한 캄보디아 선교사님과 연결된 한 교회는 벌써 세 번 이상 방문을 했다. 그뿐 아니라 그 작은 개척교회에서 한 신학생을 파송하여 3년째 선교사님을 돕고 있다. 그리고 이제 장기 선교사로 준비하고 있다.

16년 동안 선교를 다녀오며 경험한 토대로 늘 떠들고 다니던 말들을 『선교 체질』에 담았다. 그리 길지도 않은 세월이고, 선교지에 가서 직접 선교하는 선교사도 아니지만, 선교에 동참하면서 많은 은혜를 느끼고 있다. 오히려 선교를 통해 내 목회 현장과 삶에 활력소가 되고 있다.

이 책을 통해 선교는 선택사항이 아니라 교회의 필수사항이라는 것을 느끼고 한 사람이라도 선교에 동참하게 되었으면 하는 바람이다. 생각해보면 선교가 의무이기도 하지만, 동시에 특권이기도 하다. 이렇게 많은 선교지를 돌아다니며 지금도 선교에 동참할 수 있는 것은 하나님께서 내게 주신 매우 큰 은혜이다. 하나님께 정말 감사드린다.

그리고 추천사를 써주신 정남철 선교사님은 현재 나의 최고의 선교 파트너이며 20년간 한결같이 일본의 복음화를 위해 애쓰고 계신다. 나에게 선교를 가르쳐 주시고, 선교의 장을 열어주신 것에 대해 다시 한번 감사를 드린다.

마지막으로 오랜 세월 기도로 늘 든든한 지원군이 되시는 부모님과 사랑하는 아내 이찬미, 눈에 넣어도 아프지 않을 아들 선민, 딸 고은이에게 고마움을 전한다.

1장

첫사랑처럼 다가온 선교

1

왜 하필 터키선교?! 선교에 마음의 문 열기

지금으로부터 25년 전 내 나이 스무 살 되던 해에 섬기던 교회에서 터키(지금의 튀르키예)로 단기선교를 하러 간다는 광고를 듣게 되었다. 단기선교라는 말도, 터키라는 나라도 생소했다. 지금 생각해보면 왜 그랬는지 모르겠지만 선교에 대해 굉장히 냉소적으로 반응했다. 그랬던 내가 16년째 매년 쉬지 않고 선교에 동참하는 '선교 체질'이 되었다. 과연 무슨 일이 있었던 것일까? 궁금하지 않은가?

일단 지금 당장 떠나고 싶은 나라를 머릿속에 떠올려 보라! 왜 그곳에 가보고 싶은가? 사실 별다른 이유가 없을 것이다. 아마 '그냥'이라는 말이 정답일 것이다. 그렇다. 선교도 처음엔 '그냥' 시작한다. 여행 가듯이 말이다. 그러니 '선교'라는 단어를 너무 무겁게 생각하지 않아도 될 듯싶다.

혹시 지금까지 선교가 나와 전혀 상관없는 것으로 생각하고 있지는 않은가? 우리가 너무나 잘 아는 성경 구절을 읽어보자!

오직 성령이 너희에게 임하시면 너희가 권능을 받고 예루살렘과 온 유대와 사마리아와 땅 끝까지 이르러 내 증인이 되리라 하시니라 _ 행 1:8

'증인'은 보고, 들은 것을 사실대로 말해야 하는 사람이다. 당시 제자들은 예수님의 죽음과 부활을 목격한 증인들이었다. 이제 그들은 성경에 입각하며 복음을 증언해야 하는 사명을 가지게 되었다. 선교는 그 누구의 전유물이 아니라 우리 모두의 것이다. 생각해보면 선교는 늘 우리 가까이에 있었다.

당신이 속한 교회의 주보를 자세히 살펴보라! 아마 주보 뒷면에 보면 '후원선교사' 혹은 '협력선교사'가 분명 있을 것이다. 그리고 1년에 한 번 이상은 선교사가 와서 설교도 했을 것이다. 그럼에도 선교사의 이름조차 기억나지 않는 이유는 선교는 여전히 나와 상관없는 것으로 생각했기 때문일 것이다.

선교에 대한 나의 반응은 어떤가?

1 냉소적

2 관심 없음

3 필요성은 알고 있음

4 기회가 되면 단기선교에 참여하고 싶음

5 열심히 선교에 동참하고 있음

선교 체질이 되려면 선교에 대한 나의 상태를 점검하는 것이 중요하다. 선교에 대한 나의 마음가짐은 어떠한가? 선교는 해도 되고 말아도 되는 것이 아니라 주님의 명령이라는 것을 다시 한번 기억해야 한다.

세계지도를 펼쳐라!

세계가 다 내게 속하였나니 너희가 내 말을 잘 듣고 내 언약을 지키면 너희는 모든 민족 중에서 내 소유가 되겠고 너희가 내게 대하여 제사장 나라가 되며 거룩한 백성이 되리라 너는 이 말을 이스라엘 자손에게 전할지니라 _ 출 19:5-6

하나님께서 출애굽 한 이스라엘 백성들에게 하신 말씀이다. 하나님은 이스라엘만 구원하시기 위해 애굽에서 건져내신 것이 아니다. 이스라엘을 통해 '전 세계'에, '전 세대'에 복음을 전하기 위해서 제사장 나라, 선교의 전초기지로 삼으신 것이다.

하나님은 한 교회나 국가에 갇혀 있는 분이 아니시다. 하나님은 그야말로 세계적이시고, 우주적이시다. 우리가 선교에 동참해야 할 이유가 여기에 있다. 선교에 동참하다 보면 좁아터진 우리의 시야가 활짝 열리게 되는 경험을 하게 될 것이다.

선교에 대한 걸림돌을 제거하라!

> 여호와의 말씀이 아밋대의 아들 요나에게 임하니라 이르시되 너는
> 일어나 저 큰 성읍 니느웨로 가서 그것을 향하여 외치라 그 악독이
> 내 앞에 상달되었음이니라 하시니라 그러나 요나가 여호와의 얼굴
> 을 피하려고 일어나 다시스로 도망하려 하 여 욥바로 내려갔더니
> 마침 다시스로 가는 배를 만난지라 여호와의 얼굴을 피하여 그들
> 과 함께 다시스로 가려고 배삯을 주고 배에 올랐더라 _ 욘 1:1-3

하나님은 요나에게 분명 니느웨 선교를 명하셨는데, 그러나 하나님의 얼굴을 피해서 반대 방향에 있는 다시스로 향했다. 그러자 하나님은 살아있는 대형 잠수함(큰 물고기)을 예비하시어 다시금 선교지로 가게 하셨다.

> 여호와의 말씀이 두 번째로 요나에게 임하니라 이르시되 일어나
> 저 큰 성읍 니느웨로 가서 내가 네게 명한 바를 그들에게 선포하라
> 하신지라 _ 욘 3:1-2

말씀이 두 번째 요나에게 임했다. 요나는 왜 하나님의 선교 명령을 거부했던 것일까? 요나가 왜 그랬을까? 당시 앗수르는 그 당시 최대 강대국이었고, 늘 이스라엘을 괴롭히던 나라였다. 우리나라로 비유하면 '반일감정'이 있는 사람에게 일본 선교사로 가서 일본을 구원하라는 것과 같은 말이다. 요나 스스로 가졌던 민족주의가 하나님의 선교주의를 넘지 못한 것이다.

신약에 와서는 그놈의 '유대주의'로 인해 이방 선교의 큰 걸림돌이 되었다. 선교 체질이 되는 첫 관문은 내가 가진 편견을 제거하는 것이다. 내가 가지고 있는 사상이나 신념을 하나님의 말씀 앞에 내려놓음으로 선교가 시작된다.

나는 8년째 일본선교를 하고 있다. 내가 목회하고 있는 교회의 성도들에게 일본선교에 함께 하자고 했을 때 꼭 한두 사람은 '반일감정'을 넘어서지 못하여 동참하기 싫다고 했다. 그런데 입고 있는 옷, 들고 있는 카메라, 착용하고 있는 헤드폰까지 전부 일본제품인 것은 내 눈에만 보이는 것일까?

선교는 나의 마음으로 하는 것이 아니다. 선교를 향한 하나님의 마음을 이식받아 대행할 뿐이다. 내가 일본을 언제 봤다고, 일본에 누구 하나 아는 사람이 없음에도 일본을 사랑하게 되고, 일본을 위해 기도하고, 일본에 막대한? 투자하는 것만 봐도 선교는 제정신으로 하는 것이 아니라 '예수정신'으로 하는 것이 확실하다.

3
선교는 선택이 아니라 필수!

'성경은 왜 읽어야 하나요?'
'기도는 왜 해야 하나요?'
'선교는 왜 해야 하나요?'

목회를 하다 보면 이런 질문을 자주 받는다. 이에 대한 나의 답은 간단하다. 밥을 먹어야 하는 이유? 숨을 쉬는 이유? 일을 해야 하는 이유와 다르지 않다.

하나님을 믿고, 성경을 읽기 시작한 사람은 반드시 '선교'와 마주하게 된다. 왜냐하면, 선교에 대한 명령을 내리신 분은 다름 아닌 예수 그리스도이기 때문이다.

> 예수께서 나아와 말씀하여 이르시되 하늘과 땅의 모든 권세를 내게 주셨으니 그러므로 너희는 가서 모든 민족을 제자로 삼아 아버

지와 아들과 성령의 이름으로 세례를 베풀고 내가 너희에게 분부한 모든 것을 가르쳐 지키게 하라 볼지어다 내가 세상 끝날까지 너희와 항상 함께 있으리라 하시니라 _ 마 28:18-20

오직 성령이 너희에게 임하시면 너희가 권능을 받고 예루살렘과 온 유대와 사마리아와 땅 끝까지 이르러 내 증인이 되리라 하시니라 _ 행 1:8

또 이르시되 너희는 온 천하에 다니며 만민에게 복음을 전파하라 믿고 세례를 받는 사람은 구원을 얻을 것이요 믿지 않는 사람은 정죄를 받으리라 _ 막 16:15-16

이 세 구절의 핵심은 '복음의 확장'이다. 성경의 역사는 복음이 확장되는 과정을 보여준다.

주기도, 선교기도?

예수님께서 가르치신 주기도문 안에 선교가 포함되어 있다는 사실을 알고 있는가? 하늘에 계신 우리 아버지여! 이름이 거룩히 여김을 받으시오며! 나라가 임하시오며!

"나라가 임하시오며!"라는 부분을 장로교의 표준문서인 대요리문답 191문에서는 '복음이 온 세상에 전파되어 이방인들의 충만한 수가 가득 차게 되기를 기도한다'고 해석하고 있다.

> 형제들아 너희가 스스로 지혜 있다 하면서 이 신비를 너희가 모르
> 기를 내가 원하지 아니하노니 이 신비는 이방인의 충만한 수가 들
> 어오기까지 이스라엘의 더러는 우둔하게 된 것이라 _ 롬 11:25

그러기 위해서는 교회가 보존될 뿐 아니라 확장되어야 한다. 아니 보존되려면 반드시 확장되어야 한다. 현상 유지의 결과는 보존이 아니라 퇴보이다. 지금 우리나라가 딱 이런 상황이다. 2022년 기준으로 출생자보다 사망자가 훨씬 더 많다. 출생자가 사망자보다 더 많아야 국가가 보존되는 것이다.

> 끝으로 형제들아 너희는 우리를 위하여 기도하기를 주의 말씀이
> 너희 가운데서와 같이 퍼져 나가 영광스럽게 되고 _ 살후 3:1

바울은 데살로니가 교회에게 복음을 전하는 일을 위한 기도 부탁을 한다. 선교를 직접 나가든지, 선교를 지원하든지 간에 우선은 기도해야 한다. 예수님께서 승천하시기 전 제자들에게 '선교'를 명하시면서 지금 당장 가서 전도하라고 하지 않으시고 모여서 기도하라고 하셨다.

> 사도와 함께 모이사 그들에게 분부하여 이르시되 예루살렘을 떠
> 나지 말고 내게서 들은 바 아버지께서 약속하신 것을 기다리라 _ 행
> 1:4

> 여자들과 예수의 어머니 마리아와 예수의 아우들과 더불어 마음을

기도하며 무엇을 기다려야 하는가? 약속하신 성령을 기다려야 한다. 이는 선교가 우리로부터 시작되는 것이 아니라 하나님으로부터 시작된다는 것을 보여준다. 선교는 하나님 나라의 원동력이 되고, 기도는 선교의 동력이 된다.

사실 우리는 매주 교회에 모여 예배할 때마다 주기도를 통하여 선교에 대한 마인드를 키워가고 있었다. 이렇게 선교를 위해 기도하면 실제로 선교할 기회가 열리게 될 것이다.

4
첫사랑처럼 다가온 첫 선교

지금으로부터 17년 전, 2006년 결혼을 몇 달 앞둔 어느 겨울이었다. 중국 목단강(얼음축제를 할 정도로 엄청 추운 지역으로 기억됨)의 한 신학교에서 한 주간 성경을 강의하기 위해 생애 처음으로 국제선에 몸을 실었다. 중국 북경으로 가서, 다시 비행기를 갈아타고 목단강으로 향했다. 그리고 차를 타고 한참을 달려 어느 한 허름한 시골집에 이르게 되었다.

해외도 처음이고, 중국도 처음이라, 게다가 혼자 가는 일정이었지만 나름대로 패기 있는 20대였기 때문에 열정으로 가득차 있었다. 공항에 남자 세 분이 나를 마중 나왔는데 그때 나에게 했던 말이 아직도 기억에 남는다. "전도사님! 여기가 어딘 줄 알고, 우리가 누군 줄 알고 겁도 없이 왔습니까?" 물론 농담이겠지만 지금 생각해보니 조금은 아찔하다.

필자가 신학교에서 배운 성경개론, 조직신학등 모든 것을 동원하여 열심히 강의했다. 정말 강의만 하다가 온 것 같다. 돌아오는 비행기 안에서 뭔가를 느꼈다. "아! 나는 비행기 체질이구나! 아! 나는 해외 체질이구나!" 그 후로 수십 번 선교지를 다니면서 여권에 출입국 도장 찍는 흥미를 느끼게 되었다.

　　나름 첫 해외 선교에서 느낀 것은, "아! 이렇게 먼 곳까지 하나님의 복음이 전파되고 있구나!"라는 것이다. 그동안에는 내가 다니던 교회 안에만 하나님이 계시는 것처럼 여기며 살았다면, 이 계기를 통해 저 광활한 땅 중국, 사회주의 체제 속에서도 복음 하나 때문에 목숨을 걸고 신앙을 지키는 저들을 보면서 다시 한번 '선교'의 중요성을 몸으로 체득하게 되었다.

　　혹 섬기는 교회나 단체에서 해외로 선교할 기회가 있다면 대출을 내서라도(지금은 너무 금리가 올라서 힘들겠지만….) 동참해보길 바란다. 전 세계에 흩어져 있는 다양한 사람들이 우리와 같은 복음을 듣고 하나님을 예배하고 있는 현장을 경험해볼 수 있을 것이다.

　　지구본이나 세계지도를 사서 전 세계에 어떤 나라가 있는지 살펴보라! 그 순간 이미 몸은 비행기 안에, 마음은 내가 선택한 그 나라에 있을지도 모른다. 선교는 새로운 기회이고, 동참하는 사람에게는 큰 축복이다. 왜 그런지는 뒤로 갈수록 분명하게 알게 될 것이다. 언제인지 모르지만, 당신의 첫 단기선교를 위해 '선교적금'을 준비해두라!

> 안디옥 교회에 선지자들과 교사들이 있으니 곧 바나바와 니게르라 하는 시므온과 구레네 사람 루기오와 분봉 왕 헤롯의 젖동생 마나엔과 및 사울이라 주를 섬겨 금식할 때에 성령이 이르시되 내가 불러 시키는 일을 위하여 바나바와 사울을 따로 세우라 하시니 이에 금식하며 기도하고 두 사람에게 안수하여 보내니라 두 사람이 성령의 보내심을 받아 실루기아에 내려가 거기서 배 타고 구브로에 가서 _ 행 13:1-4

안디옥교회가 최초로 선교사를 파송하는 장면이다. 그런데 두 번이나 반복되는 구절 속에서 선교가 누구로부터 시작되는지를 알게 된다. 선교는 '성령이 시키시는 일'이고, 선교사는 '성령의 보내심'을 받은 자들이다. 이 모든 일을 교회를 통해서 하신다. 교회의 일원 중 누구는 직접 선교사로 나가기도 하고, 남아 있는 자들은 선교사를 파송하여 후원하게 된다. 이 모든 것이 교회가 해야 할 일인 것은 분명하다.

선교편지는 하나님의 사랑이 담긴 연애편지다

그렇게 '선교'와 첫사랑이 시작된 이후에 나의 취미는 교단 선교부 홈페이지에 접속하여 선교사님들이 보낸 편지를 읽는 것이었다. 군대에서 사랑하는 사람들에게 편지를 받는 기분과 비슷하다고나 할까?

지금도 뭘 모르지만, 아무것도 모르던 그 시절엔 그저 전 세계 각국의 선교사님들이 자신이 사역하는 국가의 역사와 상황을 설명하는 것이 흥미로웠고, 사역에 대한 보고와 필요사항들을 요청하는 글을 읽으면서 선교에 조금씩 빠져들게 되었다. 이 취미는 16년이 지난 지금도 여전하다.

편지를 받았으면 답장을 해야 할 것이 아닌가? 나 역시도 선교편지를 읽으면서 많은 분에게 이메일도 보내고, 전화도 해봤다. 대부분 반갑게 맞아주신다. 고국에서 누군가 자신이 보낸 선교편지를 읽어주고, 관심을 두는 것에 대해 매우 고맙게 생각하신다.

이렇게 선교편지를 읽다 보면, 하나님께서 좋은 인연을 연결해 주신다. 마치 소개팅과 같다. 한 번의 소개팅을 통해 인연이 될 수도 있지만 어떤 사람은 다섯 번, 열 번 만에 인연을 찾는 사람도 있다. 나는 선교편지를 읽어야 할 이유를 이 한 구절로 정리하고 싶다.

> 밤에 환상이 바울에게 보이니 마게도냐 사람 하나가 서서 그에게 청하여 이르되 마게도냐로 건너와서 우리를 도우라 하거늘 바울이 그 환상을 보았을 때 우리가 곧 마게도냐로 떠나기를 힘쓰니 이는 하나님이 저 사람들에게 복음을 전하라고 우리를 부르신 줄로 인정함이러라 _ 행 16:9-10

성령님은 선교편지를 통하여, 혹은 선교사들의 선교 보고를 통하여, 목회자들의 설교를 통하여 '건너와서 우리를 도우라'라는 음성을 듣게 하실 것이다. 아마 선교편지를 읽다 보면 사진 속의 선교사가 우리를 향해 손짓하며 '건너와서 도우라'라고 하는 음성을 들을 수 있을 것이다.

그리고 우리 마음속에도 "저 사람들에게 복음을 전하라고 우리를 부르신 줄로 인정"하게 될 날이 올 것이다. 그렇게 편지를 주고받다가 어느 날 실물을 영접하는 날에는 피차 얼마나 설레고 떨리겠는가? 요즘 딱히 가슴 뛰는 일이 없지 않은가? 당신에게 보낸 수백 통의 연애편지를 뜯어보라! 그러면 분명 어떤 선교사님이 건너오라고 손짓하는 것을 경험하게 될 것이다.

바울은 그야말로 가장 많은 편지를 보낸 인물이다. 다양한 목적을 가지고 편지를 보내지만 많은 부분은 선교지에 대한 후원을 요청하고 있다.

> 그러므로 내가 이 형제들로 먼저 너희에게 가서 너희가 전에 약속한 연보를 미리 준비하게 하도록 권면하는 것이 필요한 줄 생각하였노니 이렇게 준비하여야 참 연보답고 억지가 아니니라 _ 고후 9:5

당시 유대교 출신의 교회와 이방인 출신의 교회가 공존하고 있었다. 바울은 이 두 교회를 오가며 피차 하나 되게 하는 사역에 중점을 두고 있었다. 그 일환으로 부유한 교회의 연보를 통해 가난한 교회를 돕는 것이다. 때로는 이방인 교회가 유대인 교회를, 또 유대인 교회가 이방인 교회를 도우면서 교회는 하나님 안에서 하나로 묶여있는 우주적인 공동체임이라는 것을 선언하게 되는 것이다.

2 장

운명의 선교사를 만나라

1

100% 환영받는 '들이대' 선교

그렇게 연애편지를 열심히 열람하다가 일본 오사카 지역에서 보낸 선교편지 한 통을 보게 되었다. 그리고 늘 그래왔듯이 무작정 선교사님께 메일을 보냈다. "가도 되겠습니까?" 필자의 선교는 경상도 스타일의 약간 상남자 스타일이다. 선교지 방문은 거절당할 확률이 거의 0%이다. 늘 환영받는 느낌이어서 좋다. 그때가 지금으로부터 딱 15년 전인, 이맘때였다.

당시 섬기던 대학부를 인솔하여 오사카로 향했다. 처음엔 그저 외국의 낯선 풍경과 느낌 그 자체가 좋았다. 사실은 선교를 빙자한 여행에 가까웠다. 뭐…. 여행도 하고, 선교도 하고, 봉사도 하고…. 그런 느낌이었다. 그런데도 나에겐 공식적인 첫 단기선교였기에 긴장감과 설렘이 공존하고 있었다.

여행은 여행을 준비하는 것부터가 시작이다. 소개팅도 자다가 벌떡 일어나서 동네 슈퍼마켓에 라면 사러 가는 복장으로 갈수는 없지 않은가? 일단 소개팅 날짜가 잡히면 며칠 전부터 어떤 옷을 입고 나갈지? 무슨 색깔 옷을 입고 나갈지? 어떤 신발을 신고 나갈지? 등등을 고민하게 된다. 이미 소개팅이 시작된 것이다.

단기선교 날짜가 확정되면 그때부터는 선교지에서 요청한 사항들을 준비해야 한다. 일단 모여서 기도하고, 현지어로 찬양도 연습하고, 더듬거리는 일본어로 당시 유행하던 '사영리'도 준비했다. 이렇게 우리의 단기선교는 시작되었다.

당신은 첫 소개팅에서 만난 사람과 결혼해서 살고 있는가?(위험한 발언인가?) 지금 함께 사는 사람이 당신의 첫사랑인가? 이렇게 처음 만난 선교사님과는 처음이자 마지막 만남이되었다. 감사하게도 단 며칠이었지만 노련한 선교사님의 가르침을 통해 아직도 그때 들었던 일본 역사가 내 머릿속에 생생하게 남아 있다.

첫술에 배부르랴? 그렇게 가슴 한 곳에 일본에 대한 아련한 추억을 간직한 채 나는 또다시 다른 인연을 찾기 위해 선교편지를 읽기 시작했다. 그리고 선교본부에 무작정 전화를 걸었다. "거기서 제일 높은 분과 좀 통화를 하고 싶은데요?", 그리고 대뜸 그분에게 이렇게 말했다. "현재 선교본부에서 볼 때 가장 도움이 필요한 곳이 어딥니까?" 지금 생각하면 이런 막무가내인 나의 행동이 정말 아찔하게 느껴진다. 그런데도 친절하게 응대해주신 선교본부장님께 감사하다.

선교는 명확한 하나님의 뜻이고, 우리는 그 뜻을 받들어야 하는데 가만히 있으면 무슨 일이 진행되겠는가? 좋아하는 사람이 있는데 가만히 있으면 다른 놈?이 낚아채 가지 않겠는가? 선교는 들이대야 한다. 대신 차근차근, 점진적으로 들이대야 한다. 선교편지를 꾸준히 읽고, 물색하고 탐색하고, 소개받다 보면 좋은 선교 파트너를 만날 수 있을 것이다.

> 안식일에 우리가 기도할 곳이 있을까 하여 문 밖 강가에 나가 거기 앉아서 모인 여자들에게 말하는데 두아디라 시에 있는 자색 옷감 장사로서 하나님을 섬기는 루디아라 하는 한 여자가 말을 듣고 있을 때 주께서 그 마음을 열어 바울의 말을 따르게 하신지라 그와 그 집이 다 세례를 받고 우리에게 청하여 이르되 만일 나를 주 믿는 자로 알거든 내 집에 들어와 유하라 하고 강권하여 머물게 하니라 _ 행 16:13-15

바울이 마게도냐의 첫 성인 빌립보에 이르러서 선교본부와 동역자들을 찾고 있을 때 '루디아'라는 여인을 만나게 된다. 우리가 믿음으로 들이대면? 하나님께서 그 마음을 열어서 함께 동역하도록 하신다. 이 여인과 몇몇 사람들을 중심으로 세워진 교회가 바로 '빌립보 교회'이다.

> 아굴라라 하는 본도에서 난 유대인 한 사람을 **만나니** 글라우디오 가 모든 유대인을 명하여 로마에서 떠나라 한 고로 그가 그 아내 브리스길라와 함께 이달리야로부터 새로 온지라 바울이 그들에게 가매 _ 행 18:2

> 바울은 더 여러 날 머물다가 형제들과 작별하고 배 타고 수리아로 떠나갈새 브리스길라와 아굴라도 **함께 하더라** 바울이 일찍이 서원이 있었으므로 겐그레아에서 머리를 깎았더라 _ 행 18:18

> 너희는 그리스도 예수 안에서 나의 **동역자**들인 브리스가와 아굴라에게 문안하라 그들은 내 목숨을 위하여 자기들의 목까지도 내놓았나니 나뿐 아니라 이방인의 모든 교회도 그들에게 감사하느니라 _ 롬 16:3-4

밑줄 친 세 곳을 주목하여 보라! '만나니', '함께 하더라', '동역자' 이렇게 시작된 바울과 이 부부의 관계가 어디까지 발전하게 되었는가? 바울을 위하여, 선교를 위하여 목숨까지 내어놓은 바울의 사역에 없어서는 안 될 존재가 되었다.

평생에 많은 만남이 있지만, 하나님 나라를 꿈꾸며, 함께 선교라는 공동의 사명을 감당할 수 있는 동역자를 만나는 것이 얼마나 큰 복이겠는가? 바울의 선교가 지속 가능했던 것은 혼자

하지 않고 많은 동역자와 함께했기 때문이다. 그 시작은 "들이 대!"

2

선교, 아무것도 몰라도 됩니다

일본을 방문한 후 1년이 지나 다시 섬기는 교회 대학부를 데리고 선교본부장님이 소개해주신 베트남으로 향했다. 이곳은 준비할 것이 별로 없었다. 선교지에서 요청한 것이 없었기 때문이다. 와서 몸으로 때우면 된다고 하셨다. 알고 보니 이 선교사님도 선교사로 파송된 지 1여 년 되신 분이었다. 선교본부장님이 신입 선교사에게 힘을 보태주기 위해 우리에게 소개를 해 주신 것이다.

자기 방도 제대로 안 치우던 대학생들이 집을 짓겠다고 어설픈 삽질을 하면서 이것도 선교라도 땀을 뻘뻘 흘리며 거룩한 막노동했던 기억이 난다. 이런 과정들을 통해 선교에 대한 나의 갈증은 더해갔다. 나와 합이 맞는 선교사는 어디에 있을까? 하나님이 기뻐하시는 선교란 무엇일까? 지속적으로 교제하며 나의 목회와 함께 걸어갈 수 있는 선교사를 언제 만날 수 있을까?

이런 고민들이 본격적으로 시작되었다.

베트남을 다녀와서 그런지 몰라도 왠지 다음 선교지는 그 근처로 가고 싶었다. 또 습관을 따라 선교편지를 읽다가 캄보디아의 한 선교사님이 눈에 들어왔다. 뭔가 좀 다른 느낌이라고 할까? 선교사님의 열정이 편지를 뚫고 나오는 듯한 강렬한 인상을 남겼다. 바로 이메일을 보냈다. 역시 대환영이었다.

재미있는 것은, 십수 년이 지난 지금 평생 함께할 두 분의 선교사님을 만났는데 한 분은 일본에서 사역하시는 선교사님이시고, 또 한 분은 캄보디아에서 사역하시는 선교사님이시다. 물론 그때 만난 선교사님은 아니시다. 그런데 내가 초반에 갔던 두 나라, 특히 15년 전에 처음 갔던 그 일본이 나의 평생 선교지가 되고, 그곳의 선교사님과 동역하게 된 것이 참으로 신기했고, 최근에 오사카에서 선교 모임을 했는데 감회가 새로웠다.

암튼 캄보디아에서는 내 모든 것을 다 쏟아부었던 선교였다. 특히 기억에 남는 것은 밤마다 선교사님과 가졌던 기도회이다. 그때 선교사님이 선교지에서 가장 힘든 것은 잘 변하지 않는 현지인들이 아니라 변질되는 내 마음이라고 말씀하셨다.

돌이켜 보면 선교지에서 펼쳤던 많은 사역도 귀하지만 결국 지금까지 가슴팍에 남아 있는 것은 선교 현장에서 주신 하나님의 말씀이다. 그 말씀이 하나하나 차곡차곡 쌓여서 부족하나마 지금까지 선교에 동참할 수 있는 발판이 되었던 것 같다. 선교는 아무것도 몰라도 된다. 선교 현장에 가서 선교사님을 통해 주시는 하나님의 말씀만 듣고 와도 수지맞은 것이다.

나는 그 후로 내가 만난 선교사님들을 또 다른 목사님들에게 소개를 해주었다. 그냥 흘려듣는 분들도 계시지만 이런 선교중매? 사역을 통해 몇 교회가 오랫동안 선교지를 후원하고 돕고 있다. 나랑은 잘 안 맞지만, 또 다른 분들과는 잘 맞는 것을 보면서 선교중매 사역도 병행해야겠다는 생각을 하게 되었다. 그렇게 나는 서서히 선교 체질이 되어가고 있었다.

> 며칠 후에 바울이 바나바더러 말하되 우리가 주의 말씀을 전한 각 성으로 다시 가서 형제들이 어떠한가 방문하자 하고 바나바는 마가라 하는 요한도 데리고 가고자 하나 바울은 밤빌리아에서 자기들을 떠나 함께 일하러 가지 아니한 자를 데리고 가는 것이 옳지 않다 하여 서로 심히 다투어 피차 갈라서니 바나바는 마가를 데리고 배 타고 구브로로 가고 바울은 실라를 택한 후에 형제들에게 주의 은혜에 부탁함을 받고 떠나 수리아와 길리기아로 다니며 교회들을 견고하게 하니라 _ 행 15:36-41

바울의 선교여행은 한두 번에 끝나지 않는다. 그런데 매번 새로운 곳만 가는 것이 아니라 갔던 지역을 다시 방문하여 그곳을 견고하게 다지는 사역을 했다. 선교지에 계신 선교사님들이 이구동성으로 외치는 말이 단회적인 선교를 하지 말고, 지속적인 선교를 하라는 것이다. 그러기 위해서는 장기적으로 교제를 이어갈 수 있는 선교지를 만나는 것이 우선되어야 한다. 나는 그렇게 운명의 선교사를 만나기 위해 길을 나섰다.

3
선교와 사랑에 빠지다

글을 쓰면서 느끼지만, 선교를 위해 참 많이 돌아다녔다. 선교 체질인지? 여행 체질인지? 비행기 체질인지 모르겠지만 여하튼 열심히 다닌 것은 사실이다. 선교에 대한 갈증이 더해가던 때에 지인에게 소개받은 한 선교사님을 알게 되었다. 이제 바야흐로 본격적인 SNS 시대가 열렸기에 사역의 현장을 더 생생하게 볼 수 있었고, 주변 사람들의 반응도 실시간으로 볼 수 있게 되었다.

캄보디아 선교는 1년 동안 두 번 갔지만, 필리핀 선교는 2년 동안 6번을 다녀왔다. 팀으로 가기도 하고, 개인적으로 가기도 했다. "아! 바로 이곳이 하나님이 붙여주신 내 선교의 종착지구나!"라는 생각이 들기도 했다. 필리핀은 영어가 통하는 곳이기에 중국, 일본, 베트남, 캄보디아보다는 소통하기가 조금 편했다.

이 시기에 지금 목회하는 큰빛교회가 개척되었다. 개척을 시작하면서 작은 꿈이 생겼다. 우리도 어렵지만, 더 힘들고 어려운 선교지를 돕고 싶었다. 이때도 정말 최선을 다했다. 없는 살림에 적지 않은 금액을 정기적으로 후원했고, 여기저기서 모금하여 꽤 큰돈을 헌금하여 현지에 작은 예배당을 짓는데 보태기도 했다.

처음 교회를 개척하고, 개척의 고단함을 선교지에서 풀었다. 선교지에 다녀오면 몇 달씩 버틸 힘이 생기곤 했다. 이런 과정을 겪으면서 선교는 선교지를 아는 것이구나! 선교는 선교지에 살면서 시작되는 것이구나! 아! 선교지는 될 수 있는 한 많이 가보고, 직접 경험을 해봐야 하구나! 라는 것을 깨닫게 되었다.

지금 와서 돌이켜 보면 하나님께서 많은 시행착오를 통해 지금의 다소 안정적인 선교를 할 수 있게 하신 것 같다. 많은 선교사님을 만나게 하시므로 선교를 가르치시고, 서서히 선교의 체질로 변화시켜 주신 것 같다. 선교는 아무리 해도 질리지 않고, 피곤하지가 않다. 지금도 주변에 선교사님들이 계시다고 하면 무작정 달려가곤 한다.

개척 8년 차를 지나고 있는데, 내가 섬기는 큰빛교회는 그야말로 선교와 함께 하는 교회다. 선교 지향적 교회이자, 선교 체질화된 교회이다. 우리같이 작고 연약한 교회가 나름대로 선교에 동참할 기회를 주신 하나님께 감사하고! 이것이 우리가 받은 큰 축복이다.

> 바울은 밤빌리아에서 자기들을 떠나 함께 일하러 가지 아니한 자를 데리고 가는 것이 옳지 않다 하여 서로 심히 다투어 피차 갈라서니 바나바는 마가를 데리고 배 타고 구브로로 가고 바울은 실라를 택한 후에 형제들에게 주의 은혜에 부탁함을 받고 떠나 _ 행 15:38-40

선교는 너무 좋은 일이지만 사람들이 모인 곳에는 언제든 문제가 도사리고 있기 마련이다. 바울도 마가와의 의견 차이로 심하게 다투며 피차 갈라섰다. 이때 중요한 것은 '꺾이지 않는 마음'이다. 사람에게 실망하고 상처받았다고 해서 선교를 중단하면 과연 그동안 무엇을 위해 선교를 한 것인지 돌아봐야 할 것이다.

비록 바울이 마가와 다투어 결별을 선언했지만, 바울은 실라와 함께 선교를 떠났고, 바나바는 마가와 함께 각자의 길을 걸어갔다. 나 역시 선교를 하다가 상처를 주기도 하고, 받기도 했다. 그럼에도 감사한 것은 하나님께서 '꺾이지 않는 마음'을 주셨다. 요즘 들어 "선교는 내 힘으로 하는 것이 아니구나! 내 안에 계신 성령께서 하시는 일이구나"라는 것을 새삼 느끼고 있다.

4
운명의 선교사를 만나다

 선교본부 홈페이지에 들어가 선교사님들의 편지를 밤새 읽고, 직접 본부장님께 전화해서 선교사님을 소개받고, 또 그렇게 선교사님들 주변을 얼쩡거리다가 마침 교단 선교 60주년 기념 행사로 전 세계에 흩어져 있는 수백 명의 선교사님을 한 자리에서 일주일 내내 볼 수 있는 놀라운 특권을 누리게 되었다. 그때 그 기분은 BTS 콘서트 티켓을 거머쥔 느낌이었다.

 개척교회를 하고 있었기에 남는 게 시간이고, 비교적 자유로운 일정이 보장되었기에 한 주 내내 교단 신학교에서 먹고 자면서 선교대회에 참여할 수 있었다. 6월로 기억이 되는데 그 당시 '메르스' 때문에 선교대회가 무산될 뻔도 했지만, 바이러스가 선교를 향한 하나님의 열정을 막지는 못했다.

 당시 각자 사역하는 나라의 전통 복장을 하고, 그 나라의 문화를 알리는 부스들이 설치되고, 선교사님들은 각 나라의 음식을 직접 요리하여 팔며 모금하는 행사가 열렸다. 교단의 선교사님들을 한자리에서 다 볼 수 있다는 것이 신기할 따름이었다. 그리고 시간시간 이어지는 선교사님들의 간증들은 선교대회의 꽃이라고 할 수 있다.

수백 명의 선교사님들 중에 몇몇 분만 선발되었으니 주최 측에서 얼마나 고르고 골랐겠는가? 그리고 '독수리 5남매'라는 주제로 간증을 하시는 일본 나고야 근방 코막끼에서 사역하시는 정남철 선교사님의 간증을 듣게 되었다. "일본에 가서 일본사람으로 살다가 그곳에서 죽겠다"고 다짐하시는 그분의 고백이 내 마음을 사로잡았다.

그동안 많은 시행착오를 겪으면서 이번에는 좀 신중하고 차분하게 하자고 스스로 다짐했다. 다이어리에 그 선교사님의 이름을 적어놓고 몇 달간 기도해야겠다는 생각이 들었다. 그렇게 선교대회는 끝이 나고 몇 달이 지난 후에 정 선교사님께 이메일을 보냈다.

그때가 2015년이었으니까 지금까지 8년째 관계가 이어지고 있고, 그동안 일본을 몇 번이나 갔을까? 한 달 전에도 갔다 왔고, 석 달 뒤에도 갈 예정이다. 일단은 가까워서 접근성이 너무 좋고, 그렇게 타고 싶었던 국제선도 이제는 버거워지기 시작했다. 교회도 조금씩 안정이 되고 있고, 어른들을 모시고 다니기엔 멀리 있는 나라보다는 가까운 곳이 좋겠다는 생각도 들었다.

"아무리 생각해도 일본선교에 대한 책임은 한국교회에 있는 것 같습니다…."라는 선교사님의 말씀이 "건너와서 우리를 도우라"는 하나님의 음성으로 들려오면서 다시금 내 마음을 두드리기 시작했다. "그래! 일단 가보자!!"

> 이 일이 있은 후에 바울이 마게도냐와 아가야를 거쳐 예루살렘에 가기로 작정하여 이르되 내가 거기 갔다가 후에 로마도 보아야 하리라 하고 자기를 돕는 사람 중에서 디모데와 에라스도 두 사람을 마게도냐로 보내고 자기는 아시아에 얼마 동안 더 있으니라 _ 행 19:21-22

바울에게 디모데는 단지 스승과 제자의 관계를 넘어 복음으로 낳은 아들과 같은 존재였다. 얼마나 각별했으면 바울의 편지 덕분에 디모데의 이름으로 된 성경이 두 권이나 생겼겠는가? 선교사와 후원하는 교회와의 관계가 이와 같으면 좋겠다.

선교사는 이제 목회를 시작하는 젊은 목회자에게, 이제 막 선교의 첫발을 내딛던 교회에게 바울처럼 스승의 역할을 하고, 바울에게 잘 배운 디모데가 그 사역을 계승하여 또 다른 제자를 양성하면 누이 좋고 매부 좋은, 상부상조하는 선교가 되지 않겠는가?

비록 바울과 마가는 갈등이 있어 결별했지만(물론 훗날 바울이 나이가 많이 들었을 땐 다시 마가를 찾게 된다), 디모데라는 좋은 동역자를 만나 선교를 지속적으로 할 수 있게 된다. 디모데는 뭐 바울에게 불만이 없었겠는가? 바울은 처음부터 디모데가 마음에 들었겠는가? 디모데전,후서를 통해 알 수 있듯이 바울은 디모데에게 많은 권면을 하면서 그의 자질을 키워준다.

타지에서 오랜 세월 사역한 선교사와 변화무쌍한 한국에서 목회하는 목사가 처음부터 합이 잘 맞겠는가? 삐걱삐걱 거리며, 서로 조율하고, 한 발씩 양보하면서 선교라는 대업을 함께 이루어 나가야 한다.

그럼에도 선교를 포기하지 않아야 하는 이유

거의 7-8년동안 일본, 중국, 베트남, 필리핀, 캄보디아를 오가며 오로지 패기와 열정으로 무식하게 들이댔던 선교를 하다 보니 한계에 부딪히게 되었다. 선교가 뭔지도 모르겠고, 계속해야 하는 것은 알겠지만 지속되지도 않고, 누구하나 선교가 뭐다! 속 시원하게 알려주는 사람도 없었다.

선교대회에서 만난 정 선교사님을 만나기 위해 일본 나고야로 떠났다. 나고야는 아주 조용한 도시였다. 머무는 동안 자동차 경적소리 한번 듣지 못했고, 거리에 쓰레기 하나 보지 못했다. 이미 잘 알려진 도요타 자동차 본사가 있는 곳이기도 하고, 많은 대학이 몰려 있는 교육의 도시이기도 했다. 그럼에도 인구대비 자살률이 가장 높은 조금은 어두운 도시였다.

정 선교사님이 사역하는 지역의 정확한 지명은 '일본중부의 코막끼'이다. 사람들에게 생소하기에 근교에 있는 나고야로 많이 설명하곤 한다. 정 선교사님은 20년간 일본 현지인들을 대상으로 목회사역을 하시는 선교사이다. 선교대회 때 멀리서 보던 분을 나고야 공항에서 직접 마주 대하니 감회가 새로웠다. 즉시 교회로 이동하여 잠시 기도한 뒤에 내가 좋아하는 스시를 먹으러 갔다. 그리고 그 때부터 나는 폭풍 질문과 함께 그 동안 다녀왔던 선교에 대해서도 이야기 보따리를 풀기 시작했다.

3박 4일 동안 아침부터 일어나 함께 동행하며 계속 선교에 대해 이야기 하고 마지막 날은 거의 밤을 새워가며 선교과외를 받았다. 역시 내가 속한 교단에서 정식으로 훈련과정을 거치시고 일본에서도 좋은 평가를 받고 있는 선교사님이어서 그런지 그 동안 퍼즐조각처럼 흩어졌던 선교에 대한 개념들이 정리가 되는 듯 했다.

우선 선교사님은 나를 격려해주셨다. 무식하게 들이 댔지만 선교에 대한 열정에 대해 높이 평가해주셨고, 크고 작은 시행착오를 겪으면서 선교를 포기할 법도 한데 계속해서 선교에 대한 열정을 가진 것에 대해 크게 칭찬을 해주셨다.

선교사님의 말씀을 들으면서 깨닫게 된 것이 있다. "아! 선교는 내 힘으로, 내 의지로 되는 것이 아니고, 내 속에 계신 성령님께서 하시는 것이구나!" 내 힘과 의지로 선교를 시작했다면 그리 오래가지 않아 포기했을 것이다. 그런데 이 글을 쓰고 있는 지금도 선교에 대한 열정이 식지 않는 것은 성령님의 역사요! 하나님의 은혜임이 틀림이 없다.

> 원하건대 주께서 오네시보로의 집에 긍휼을 베푸시옵소서 그가 나를 자주 격려해 주고 내가 사슬에 매인 것을 부끄러워하지 아니하고 로마에 있을 때에 나를 부지런히 찾아와 만났음이라 _ 원하건대 주께서 그로 하여금 그 날에 주의 긍휼을 입게 하여 주옵소서 또 그가 에베소에서 많이 봉사한 것을 네가 잘 아느니라 _ 딤후 1:16-18

바울의 서신을 면밀히 들여다 보면 단순한 인사를 넘어 세심한 배려와 격려로 동역자들을 챙기는 모습을 알 수 있다. 자신을 격려해준 오네시브로의 이름을 거론하며 복을 빌고 있다. 물론 우리는 궁극적으로 하나님의 칭찬을 바라봐야 한다. 그럼에도 성경은 피차 위로하고, 격려하라고 한다.

열정 하나만 가지고 선교에 동참하다가 크게 한번 미끄러지다 보니 선교를 그만 두고 싶은 마음도 있었다. 그 때 정 선교사님이 해주신 말이 아직도 가슴에 따뜻한 온기로 남아 있다.

"최목사님! 그럼에도 선교를 포기하지 않고 여기까지 잘 오셨습니다"

6
선교도 과외가 필요합니다

정 선교사님과 첫 만남에서는 지금까지 인연이 될 줄 몰랐기 때문에 선교에 대한 객관적인 이야기들을 진솔하게 해주셨다.

첫째, 선교에 대한 열정도 중요하지만 분별력도 중요하다. 그동안 내가 했던 것처럼 아무런 정보가 없는 상태에서 소위 '삘' 받는대로 선교사님에게 연락해서 찾아 다니는 방식 보다는 소속 교회나 믿을만한 지인들에게 추천을 받는 것이 좋다. 그리고 선교사는 선교사들이 잘 알기 때문에 그래도 몇몇 분들에게 조언을 구하는 것이 안전한 것 같다.

개인적으로 선교를 다니면서 겪는 시행착오들은 별 문제가 되지 않는다. 하지만 한 교회를 담임하는 목사로서 선교지를 선택하는 것은 교회적인 문제가 되기에 신중하게 고민해야 하고 검증의 검증을 거치는 것이 좋다는 의미이다.

둘째, 목회도 마찬가지겠지만 선교사는 재정에 대해 투명해야 하고, 현지 언어에 대한 열의와 의지가 남 달라야 한다는 것이다. 선교사에게 언어는 선교적 소명과 연관성을 가질 정도로 중요하다는 것도 정 선교사님을 통해서 알게 되었다. 대부분의 선교사님들이 정말 신실하게 하나님 앞에서 사역을 하시고 계시지만 어디에나 그렇듯이 그러지 못한 분들도 계시기 마련이다.

셋째, 선교사가 소속된 선교단체의 지도를 잘 받고 있는지도 확인해야 한다. 대부분의 선교단체에는 해당 국가의 지부장이 있다. 일본에도 내가 속한 교단 선교사들이 많이 파송되어 있다. 그러면 일본 전체지역의 책임자가 있고, 중부, 남부, 북부 이런 식으로 지부장들이 세워져 후임 선교사들을 지도하는 구조이다.

넷째, 선교사가 현지에 있지 않고 너무 자주 한국에 있다면 좀 생각해봐야 한다. 지금 사역하는 정 선교사님은 20년간 단 한 차례의 안식년도 가지지 못하고 있으시다. 물론 선교사가 방침에 따라 의무적으로 안식을 해야 하지만 목회현장의 특수성 때문에 1년씩 자리를 비우지는 못하고 있으시다.

이와같은 내용들, 어쩌면 기본적이고 당연한 것들이지만 들고 보니 너무나 중요한 지침들이었다. 이렇게 정 선교사님과 첫 만남은 개인과외로 시작했고, 지금까지 수 십차례 만나 교제하면서 여전히 선교를 배워가고 있는 중이다. 선교는 알면 알수록 더 깊고 오묘한 맛을 느낄 수 있는 것 같다.

> 미쁘다 이 말이여, 곧 사람이 감독의 직분을 얻으려 함은 선한 일을 사모하는 것이라 함이로다 그러므로 감독은 책망할 것이 없으며 한 아내의 남편이 되며 절제하며 신중하며 단정하며 나그네를 대접하며 가르치기를 잘하며 술을 즐기지 아니하며 구타하지 아니하며 오직 관용하며 다투지 아니하며 돈을 사랑하지 아니하며 자기 집을 잘 다스려 자녀들로 모든 공손함으로 복종하게 하는 자라야 할지며 _ 사람이 자기 집을 다스릴 줄 알지 못하면 어찌 하나님의 교회를 돌보리요 새로 입교한 자도 말지니 교만하여져서 마귀를 정죄하는 그 정죄에 빠질까 함이요 _ 딤전 3:1-6

운전을 하려면 운전 면허증이 있어야 하고, 의료행위를 하려고 해도 의사 면허증이 있어야 한다. 선교를 하려면 선교 면허증이 필요하다. 나 역시 목사이기에 성경에서 말하는 목사의 자격 앞에서 늘 부끄럽기도 하고, 내가 목회를 해도 되나 싶을 정도로 부족함을 많이 느낀다. 그러기에 그 기준에 부합하고자 늘 기도하게 되고 노력하게 된다. 누가 누구를 판단하고 정죄를 하겠는가? 누가 자격에 대해 자유롭게 말할 수 있겠는가? 다만 하나님이 세우신 질서와 권위 안에서 순종하고자 하는 기본적인 자질은 가지고 있어야 하지 않을까? 그런데 그런 기본적인 자질 조차 없다면….

3장

'선교 체질' 만들기

1

선교, 지금 그 자리에서 시작할 수 있습니다

할 수 있는 만큼부터

일본의 정 선교사님이 알려주신 기준을 가지고 정 선교사님과 교제를 시작했다. 내가 얼마나 선교과외를 잘 받았는지 이제는 즉흥적으로 들이대지 않고 신중에 또 신중을 기했다. 그 신중함이 너무 지나쳐서 정 선교사님과 교제한지 3년이 지나고 단기선교도 여러차례 갔지만 정기후원을 하지 않았다. 지켜보고 또 지켜보았다. 그리고 교제한 지 4년차가 되었을 때 비로소 정기후원을 시작하고, 주보에도 후원교회로 올리게 되었다.

내가 목회하는 교회는 겨우 자립하여 모자라지도 남지도 않은 그런 교회이다. 정 선교사님께 선교과외를 받으며 마음에 정한 것이 있다. '오버'하지 말아야 겠다는 것이다. 그 동안 선교에 대한 마음만 앞서다가 과부화가 걸렸던 것이다. 우리가 할 수 있는 만큼, 성도들을 납득시키면서 조금은 더디더라도 탄탄한 선교를 하고 싶었다. 그래야 선교가 지속될 수 있을 것이라 생각했다.

교회가 건강하게 세워져야 선교지도 존재하는 것이 아니겠는가? 코로나로 한국교회가 엄청난 재정의 위기를 맞이하면서 자연스럽게 선교비를 삭감하게 되고, 늘 재정이 풍족했던 선교사님들 조차 마이너스 재정에 시달리게 되었다. 한국교회가 한 끼 굶으면, 선교지에 있는 교회는 두 끼를 굶는다. 우리는 여전히 우리가 할 수 있는 역량 안에서 최선을 다해 선교지를 지원할 수 있었다.

정 선교사님은 늘 나에게 고맙다고 말씀하신다. 선교사 입장에서 후원하는 교회에게 고마운 것은 당연한 것이지만, 그럼에도 내 마음 속에서는 '선교에 동참할 수 있어서! 우리를 선교의 파트너 교회로 받아주셔서 감사합니다'라고 화답한다.

이렇게 선교를 꿈꾸고, 선교를 배우고, 선교를 나누고 있노라면 마음에 행복이 밀려온다. 그러면서 서서히, 점진적으로 선교 체질로 바뀌고 있는지도 모른다. 선교를 할 수 있어서 참 다행이다.

너희가 모든 일에 넉넉하여 너그럽게 연보를 함은 그들이 우리로 말미암아 하나님께 감사하게 하는 것이라 이 봉사의 직무가 성도들의 부족한 것을 보충할 뿐 아니라 사람들이 하나님께 드리는 많은 감사로 말미암아 넘쳤느니라(고후9:11-12)

성경은 받는 것 보다 주는 것이 복이 있다고 말한다. 물론 많은 물질을 가지고 있는 것이 복은 아니다. 줄 수 있는 넉넉한 마음이 복된 것이다. 선교 또한 형편이 좋아서 하는 것은 아니다. 하나님께서 선교에 동참할 수 있는 마음을 주시고, 그런 환경과 형편을 허락하셨기 때문에 가능한 것이다.

> 이것이 곧 적게 심는 자는 적게 거두고 많이 심는 자는 많이 거둔다 하는 말이로다 각각 그 마음에 정한 대로 할 것이요 인색함으로나 억지로 하지 말지니 하나님은 즐겨 내는 자를 사랑하시느니라 하나님이 능히 모든 은혜를 너희에게 넘치게 하시나니 이는 너희로 모든 일에 항상 모든 것이 넉넉하여 모든 착한 일을 넘치게 하게 하려 하심이라 _ 고후9:6-8

바울이 쓴 편지를 보고 있노라 하면, 마치 맡겨둔 돈을 요구하는 사람처럼 당당함이 느껴진다. 바울은 연보를 인색함으로나 억지로 하지 말라고 당부한다. 하나님은 오히려 즐겨 내는 자를 사랑하신다고 권면한다. 그러기 위해서는 미리 준비가 되어 있어야 한다.

당신은 쓰고 남은 것을 드릴 것인가? 가장 좋은 것을 미리 준비하여 드릴 것인가? 이것은 비단 돈의 문제가 아니라 마음의 문제이다. 우리가 신앙생활 하면서 하나님께 드릴 헌금을 미리 준비하듯이 선교를 위해 우리의 시간과 물질을 미리 준비하고 계획하면 어떨까?

2
강도 만난 선교사, 위로가 필요합니다

> 예수께서 대답하여 이르시되 어떤 사람이 예루살렘에서 여리고로
> 내려가다가 강도를 만나매 강도들이 그 옷을 벗기고 때려 거의 죽
> 은 것을 버리고 갔더라 _ 눅 10:30

성경해석도 다양하지만 적용점은 훨씬 더 다양하다. 그런 의미에서 오늘날 강도 만난 자들은 다음세대와 선교사들이라고 할 수 있다. 사람마다 마음이 가는 대상이 다르다. 눈치를 챘겠지만 나는 선교사들에 대한 마음이 좀 큰 것 같다. 신학대학원을 졸업하고 한 2년 이상을 외국에서 타향살이를 해봤다. 그 때 뼈저리게 느꼈다. 외국에서 이방인으로 산다는 것이 이런 느낌이구나! 말로만 듣던 향수병에 걸려 이륙하는 비행기를 몇 일간 쳐다본적이 있었다. 하물며 선교사들은 타국에서 언어도, 문화도, 피부색도, 가치관도, 신앙도 다른 그들을 섬기고 복음을 전해야 하니 얼마나 많은 고충들이 있겠는가?

우리 주변에 도와야 할 대상들이 많다. 교회들이 사회에 참여하여 약자들을 돌보고, 봉사도 해야 한다. 그럼에도 눈에 잘 보이지 않기에 그저 잘 살고 있겠지라는 막연한 안도감에 선교사의 가정은 방치되고 있는지도 모르겠다.

> 그러나 이제는 내가 성도를 섬기는 일로 예루살렘에 가노니 이는 마게도냐와 아가야 사람들이 예루살렘 성도 중 가난한 자들을 위하여 기쁘게 얼마를 연보하였음이라 _ 롬 15:25-26

한창 이런 말씀에 빠져 있을 때에 정 선교사님에게 연락이 왔다. 진짜 강도를 만났다고…. 사연인즉은, 일본 현지인에게 폭행을 당한 것이다. "한국사람이 왜 일본에 왔냐! 너희의 나라로 돌아가라"고 하며 선교사님의 뺨을 때렸고 실랑이를 벌이는 중에 옷은 다 찢어지고, 지갑도 잃어버리고….

이 소식을 전해 듣고 아는 선배 목사님 한 분과 함께 바로 나고야로 날아갔다. 함께 식사도 하고, 온천도 하면서 또 그동안 쌓였던 많은 이야기들을 나누며 피차 위로를 주고 받는 시간들을 나눴다. "아! 선교지를 일본으로 정하길 정말 잘했다!" 한 시간 만에 갈 수 있기도 하고, 위급한 상황에는 몇 일이라도 왔다 갔다 할 수 있으니 말이다.

너희는 주 안에서 성도들의 합당한 예절로 그를 영접하고 무엇이
든지 그에게 소용되는 바를 도와 줄지니 이는 그가 여러 사람과 나
의 보호자가 되었음이라 너희는 그리스도 예수 안에서 나의 동역
자들인 브리스가와 아굴라에게 문안하라 _ 롬16:2-3

천하의 바울도 홀로 사역한 것이 아니다. 감옥에 있을 때엔
누군가 옥바라지를 했을 것이고, 쉬지 않고 종횡무진 진행되
는 선교에 필요한 자원들도 누군가의 헌신이 있었기에 가능했
을 것이다. 사실 선교사를 돌본다는 것이 물질적인 필요를 채워
주거나, 전문적인 상담을 필요로 하는 것은 아니다. 그저 찾아
가서 아프고, 서럽고, 힘든 이야기를 몇 일 들어주고, 맛있는 거
좀 먹다 보면 피차 힐링이 되는 것 같다.

3
선교사는 슈퍼맨이 아닙니다

한국정서에서는 남자 선교사님은 선교사님이고, 선교사님의 배우자는 사모님이라고 부른다. 그런데 선교사님의 배우자도 선교훈련을 함께 수료하여 '사모'가 아닌 '선교사'로 파송 받은 분이시다. 나아가 선교사의 자녀들은 부모가 선교사라는 이유만으로 'MK'라는 이름표를 부여 받게 된다. 실제로 선교지에 가보면 선교사의 자녀들이 많은 역할을 하고 있다.

선교사는 슈퍼맨이 아니다. 선교사도 사람이고, 누군가의 남편이요! 아내이며! 한 가정의 가장인 동시에 누군가의 부모이다. 한국에서도 자녀를 양육하기가 쉽지 않지만 선교지에서는 더 많은 것들을 포기해야 한다. 선교사들의 자녀는 소위 '모 아니면 도'이다. 선교사인 부모의 삶을 따라 그 길을 가던지, 아니면 어릴 때 당연히 받아야 하는 사랑과 관심을 받지 못하여 전혀 다른 길을 가던지….

나 역시 두 아이를 키우는 부모 입장에서 남의 집 걱정할 때가 아니지만 선교적인 차원에서 보면 선교사님의 건강, 가정, 자녀 문제까지 생각을 하고 있어야 한다. 물론 선교본부에서 다 관리를 한다고 하지만 현실적으로 쉽지 않은 문제이다.

　최근에 캄보디아 깡 시골에서 사역하고 있는 한 선교사님이 고막이 녹아 없어져 한국에 치료받으러 나오셨다. 귀에서 고름이 좀 나오고 아파서 약 먹으면 낫겠지 했는데 정밀 검사를 받을 수 있는 병원도 없고 그럴 여유도 없어서 방치했다가 벌어진 일이다. 아마 대부분의 선교사님들이 그런 삶을 살고 있을 것 같다.

　후진국은 후진국대로 의료시설이 낙후되어서 치료의 시기를 놓치는 경우도 있지만, 일본은 또 일본대로 물가가 너무 비싸서 부담이 되어 아예 치료 받을 생각을 하지 못하게 되고, 그렇다고 계속 한국을 왔다갔다 할 수도 없기 때문에 이런저런 지병을 앓고 계시는 경우가 많다.

　이왕 한 교회가 한 선교사를 후원하기로 했으면 매달 일정금액을 자동이체 하는 것으로 만족하지 말고 조금 더 세심하게 들여다 볼 수 있는 넉넉함이 있었으면 좋겠다. 어쨌든 선교사가 마음 편하게, 거침없이 그 곳에서 선교를 지속할 수 있도록 물심양면으로 돕는게 좋지 않겠는가? 우리가 가서 해야 할 일을 대신 하고 있으니 말이다.

그렇게 조금씩 선교 체질로 바뀌면서 선교사와 가정 그리고 주변상황까지 시야가 넓어지고, 선교사의 심리상태, 영적인 상황, 건강등까지 챙길 수 있는 마음도 생겨났다. 참으로 감사한 일이다.

> 그리스도 예수를 위하여 갇힌 자 된 바울과 및 형제 디모데는 우리의 사랑을 받는 자요 동역자인 빌레몬과 자매 압비아와 우리와 함께 병사 된 아킵보와 네 집에 있는 교회에 편지하노니하나님 우리 아버지와 주 예수 그리스도로부터 은혜와 평강이 너희에게 있을지어다 _ 몬 1:1-3

바울은 감옥에서 빌레몬에게 편지를 쓴다. 그런데 그의 아내 압비아와 아들 아킵보의 안부도 자연스럽게 묻고 있다. 그리고 교회의 안부까지 묻고 있다. 아이러니한 것은 많은 사람에게 복음을 전하고, 선한 영향력을 끼치는 선교사라고 할지라도 그 능력? 이 자녀들에게는 도통 통하지 않는다. 선교사가 선교지에서 겪는 어려움 중에 자녀들과의 갈등도 한 몫 단단히 차지하고 있다.

누구나 쉽게 선교회를 조직할 수 있습니다

세월은 흘러 선교에 동참한지도 십 수년이 다 되어간다. 늘 홀로 선교를 하다 보니 한계를 많이 느끼고 있던 중에 한 목사님을 만나게 되었는데 우연인지, 인연인지 일본의 정 선교사님과 오래된 벗이 아닌가해서 이 분과 함께 선교사와 가정을 돌보는 '로뎀나무 선교회'를 조직했다. 이 목사님이 선배라서 초대 회장으로 추대하고, 내가 모든 잡무를 도맡아 하는 사무총장직에 스스로 올랐다. 그리고 회원은 나고야의 정 선교사님 한 분이다.

로뎀나무 선교회는 '선택과 집중'이라는 슬로건을 걸고, 일반적인 선교에서 할 수 없는, 잘 하지 않는 선교사님과 가정과 자녀들을 위로하고 돌보는 사역을 해보자는 취지에서 시작되었다. 좀 전에 말한 것처럼 정 선교사님이 폭행을 당하고 모욕을 당했을 때 사실 뺨을 맞은 것 보다 마음이 더 아팠을 것이다. 이

럴 때 우리 로뎀나무 선교회가 곧 바로 달려가 함께 위로하고 격려하는 사역을 펼친 것이다. 말은 굉장히 거창하지만 세 명이 먹고 놀다가 왔다.

그런데 장난 반으로 시작된 이 로뎀선교회의 사역이 점차 확장되었다. 물론 회원수는 정 선교사님 한 분 밖에 없으시다. 곧 한 분 더 추가로 영입할 예정이다. 각자가 섬기는 교회에 이 선교회 취지를 설명하면서 크고 작은 후원을 받아 좀 더 구체적으로 선교사님과 가정을 섬길 수 있게 되었다.

선교사님의 집은 독수리 5남매가 있다. 그런데 최근데 매 해마다 1호, 2호, 3호가 대학에 들어가는 시기가 되었다. 갑자기 내 마음 속에 이런 마음이 들었다. '저 아이들이 내 아이들이라면?' '저 아이들이 내 조카라면?' … 100% 하나님이 주신 마음이다. 실제로 로뎀나무 선교회에서는 선교사님의 자녀들이 군입대를 하거나 대학입학을 할 때마다 불러서 밥도 사주고, 필요한 물품도 구입해주고, 용돈도 쥐어준다.

앞에서도 언급 했지만 나의 선교전략은 '역량선교'이다. 할 수 있는 만큼 오버하지 않고 하는 것이다. 정 선교사님의 부모님은 어느 교회의 관리인으로 사역하고 있으신데, 연세가 벌써 70이 훨씬 넘으셨다. 첫째 아이의 대학등록금을 위해 대출을 받아야 하나? 어떻게 해야 하나? 많은 고민이 있으셨을 것이다. 이런 문제들을 로뎀나무 선교회에서 함께 고민하고 기도하면서 후원하고 있다.

> 제 구 시 기도 시간에 베드로와 요한이 성전에 올라갈새 _ 행 3:1
>
> 바울과 바나바는 안디옥에서 유하며 수다한 다른 사람들과 함께
> 주의 말씀을 가르치며 전파하니라 _ 행 15:35

　　신앙생활은 혼자서 할 수 있는 영역이 아니다. 이 시대가 아무리 혼밥, 1인 기업이 유행하더라도 교회는 1인으로 성립될 수 없다. 예배도 그렇고, 봉사도 그렇고, 선교도 마찬가지이다. 베드로와 요한은 기도의 동역자였고, 바울과 바나바는 선교의 동역자였다. 멀리 가려면 함께 가라고 했던가?

선교포럼, 선교에 대한 깊은 생각 나누기

　이렇게 세 사람은 어떻게 하다 보니 로뎀나무 선교회의 운명 공동체가 되었다. 초대회장님과 정 선교사님은 연배가 비슷하시고 나는 5~6살 어리다. 해서 두 분은 종종 의견충돌이 있다. 주로 선교에 대한 다른 관점 때문인데, 나는 이 토론에 끼지 않는다. 왜냐하면 두 분 다 맞는 말을 하기 때문이다.

　정 선교사님은 어느덧 일본에 20년간 사시다 보니 한국 정서는 사라지고 일본 정서가 강하게 자리 잡고 있으시다. 모든 면에서 일본의 관점에서 이해하는 경향성을 가지고 있으시다. 어떻게 보면 선교적인 차원에서는 성공적인 선교사의 모델이다. 현지에 있으면서 계속 한국의 정서를 버리지 못하면 어떻게 현지인들과 동화될 수 있겠는가? 그렇게 선교사들은 식성이나 언어만 바뀌는 것이 아니라 생각하는 것도 바뀌게 된 것이다.

그런데 한국에서 오랫동안 목회만 하던 로뎀나무 선교회 회장님은 그런 선교사님이 때론 못마땅할 때가 있다. 한국에서 가끔 오는 단기선교팀이나 우리에게 너무 '일본식'을 강요하신다는 것이다. 그러니 본인이 일본인을 대상으로 사역할 때에는 일본식으로 하고, 한국에서 온 분들에게는 한국식으로 대해달라는 것이다.

두 분 다 틀린 말이 아니었다. 누구의 편도 들어줄 수 없었다. 그런데 항시 마지막 날이 되면 아주 기분 좋게, 언제 그랬냐는 듯이 서로의 편협했던 생각들을 내려놓고 토론을 통해 얻었던 교훈들을 서로 나누며 훈훈한 분위기로 마무리된다.

가만히 앉아서 혹은 누워서 노련한 선배들의 선교전략을 배울 수 있다는 사실이 엄청난 복이었다. 두 분은 나를 위해서라고 계속 싸워야 한다. 아니면 내가 선교 논쟁을 부추겨야겠다. 일종의 로뎀나무 선교회 선교포럼이라고 할 수 있다.

몇 달 뒤에 내가 목회하는 큰빛교회에서 정 선교사님이 사역하는 일본으로 방문한다. 그런데 선교포럼 덕분인지 파격적인 프로그램을 선보이셨다. 현지의 사정도 고려하면서도 오랜만에 혹은 처음 일본을 방문하는 분들을 위해 조금은 덜 매운 맛으로 준비하셨다. 이렇게 로뎀나무는 변화무쌍한 시대에 발맞

춰 나름대로 선교를 업그레이드하고 있다.

> 의논이 없으면 경영이 무너지고 지략이 많으면 경영이 성립하느니
> 라 _ 잠 15:22
>
> 사도와 장로들이 이 일을 의논하러 모여 많은 변론이 있은 후에 베
> 드로가 일어나 말하되 형제들아 너희도 알거니와 하나님이 이방인
> 들로 내 입에서 복음의 말씀을 들어 믿게 하시려고 오래 전부터 너
> 희 가운데서 나를 택하시고 _ 행 15:6-7

오순절 성령강림 사건 이후 초대교회가 생겨나고 선교사를
파송하던 중에 구원에 대한 신학적인 문제가 불거졌다. 이방인
이 예수님을 믿고 돌아올 때 할례를 받게 해야 되느냐? 말아야
되느냐? 대한 문제였다. 이에 예루살렘 회의에서는 많은 변론
이 오갔다. 베드로의 발언대로 주께로 돌아오는 이방인들을 괴
롭게 하지 말자는 결론이 난 것이다.

사실 베드로 역시 이방인에 대한 거부감이 있었다. 그러나
이방인 고넬료를 통해 그의 잘못된 생각이 완전히 바뀌게 되었
다. 하나님께서는 이방인 선교를 위해 베드로에게 먼저 이런 경
험을 하게 하신 것이다. 로뎀나무 선교회도 피차 경험한 것들을
서로 나누고, 때론 격한 논쟁을 통해서 하나님이 원하시는 뜻이
뭘까 고민하며 그렇게 성장하고 있다.

각자의 위치에서 선교포럼을 개최하고 선교에 대한 깊은 생각을 나누는 시간을 가지면 어떨까. 다시 한번 강조하지만, 선교는 지금 당신이 위치한 그곳에서 시작할 수 있다.

4 장

선교 체질 교회 만들기

1
선교 체질이 되어가는 교회

교회가 설립되고 얼마 지나지 않아 선교대회에서 정 선교사님을 만나게 되었고, 그 해 늦가을 처음 나고야를 방문했다. 어떻게 보면 큰빛교회는 일본 선교와 함께 시작한 것이다. 그 무렵 한창 나의 주변에서 '선교적 교회(Missional Church)'라는 말이 많이 들려왔다. 그러면서 나도 나름 선교적인 교회를 지향하고 싶었다. 교과서에 나오는 개념이 아닌 현장에서 건져 올린 살아 있는 개념을 장착하고 싶었다.

"선교는 선교지에 사는 것으로 시작한다"는 선교사님의 말이 마음에 꽂혔다. 개척을 시작하는 단계여서 무조건 월세가 저렴해야 했기에 주택가가 아니라 오래된 공장 건물 한 켠에 월세로 들어갔다. 비는 새고, 바퀴벌레와 쥐가 서식하며 하수구가 늘 막혀 부엌이 물 바다가 되는 곳이었다. 정말 다른 곳으로 옮기고 싶었다. 이런 간절한 마음이 통했는지, 1년 만에 그곳을 벗어나 현재 부산에서 가장 핫한 명지국제신도시에 들어오게 되었다.

그게 벌써 7년 전이다. 당시 명지는 허허벌판이었다. 아파트는 있었지만, 상권이 형성되지 않았고 한동안 공사가 끊이지 않았다. 지금 교회가 있는 곳은 상가건물 5층이다. 그 당시에는 2층까지 공사가 진행되었는데 믿음으로 5층을 미리 계약한 것이다.

문제는 그 당시 교회는 명지 국제도시로 이전을 했는데, 거기에 사는 성도가 아무도 없었다는 것이다. 해서 부산, 경남 전역에 뿔뿔이 흩어져 있던 성도들과 함께 모여 중대한 결심을 하게 되었다. "선교는 선교지에 사는 것이다"라는 슬로건을 걸고, 선교사가 선교지로 부름을 받았는데 선교사가 거기에 살지 않고 있다면 선교가 가능하겠는가?라는 말로 성도들을 선동?하면서 다함께 명지국제신도시로 집단이주를 하자고 했다.

일단 목사인 나부터 본보기로 이사를 해야 했다. 형편이 되는대로 원룸, 투룸이라도 들어갈 마음으로 집을 알아보기 시작했다. 그때 한 집사님 가정이 우리보다 더 먼저 명지로 거처를 옮겼고 당분간 기도회를 그 집에 모여서 했다. 그리고 한 가정씩, 한 가정씩 옮기기 시작했다.

한 10가정이 각자 형편에 맞게 집을 얻어 이사하게 되었다. 걸어서 올 수 있는 교회, 예배 마치고도 차 밀릴 것을 걱정하지 않아도 되는 교회, '모여라!'하면 당장 달려올 수 있는 교회가 된 것이다.

내 나름대로 '선교적 교회'를 시작한 것이다. 대부분의 성도가 교회 앞에 있는 아파트에 살다 보니 아이들을 주일학교에 보내기도 쉬웠고, 저녁기도회를 할 때도 부담 없이 나올 수 있었다. 교회를 다니지만 말고, 교회 주변에 옹기종기 모여 살면서 그 지역의 주민이 되어 이웃들에게 복음을 전하고자 했다. 나름 선교적 마인드를 가지고 개척교회를 시작한 것이다. 이것 역시 선교지에서 건져 올린 아이디어라고 할 수 있다.

> 아굴라라 하는 본도에서 난 유대인 한 사람을 만나니 글라우디오가 모든 유대인을 명하여 로마에서 떠나라 한 고로 그가 그 아내 브리스길라와 함께 이달리야로부터 새로 온지라 바울이 그들에게 가매 생업이 같으므로 함께 살며 일을 하니 그 생업은 천막을 만드는 것이더라 _ 행 18:2-3

하나님께서 선교를 위해 바울에게 브리스길라와 아굴라 부부를 선물로 주셨다. 심지어 함께 살며, 같은 직종을 가지고, 같은 목적을 가지고 있으니 얼마나 큰 위로와 힘이 되었을까? 나는 큰빛교회 성도들을 보면 브리스길라와 아굴라 부부가 생각

난다. 그때 함께 집단이주를 결정해주고, 지금까지 자리를 지켜
준 것이 너무나 고마울 따름이다. 그런 의미에서 우리 교회는
선교 체질이 되어 가고 있다.

2
단기선교의 힘

일본 이야기를 너무 많이 한 것 같아서 잠시 캄보디아 횡단 이야기를 해야겠다. 일본 선교를 시작할 무렵 정 선교사님의 지인을 통해 캄보디아 김 선교사님이라는 분을 알게 되었다. 나보다 나이가 어린 선교사님은 처음 만나 본 것 같다. 어리다고 우습게 보면 안 된다. 올해로 사역이 거의 20년이 다 되어 가기 때문이다.

20대 중반에 대구에 한 교회를 다니던 김 선교사님은 교회에서 가는 단기선교에 참여했다가 지금까지 발목이 잡혀? 빠져나오지 못하고 있다. 선교지도 가지각색이다. 캄보디아는 참으로 가난한 나라이다. 그래도 공항이 있는 프놈펜이나 시엡립은(거기도 열악하지만…) 백화점도 있고, 햄버거 가게라도 있다. 그런데 김 선교사님이 사역하는 곳은 그 당시 물도 없고, 전기도 없던 동네였다.

김 선교사님과도 인연이 7년째이다. 참 한결같고 변함이 없다. 김 선교사님은 그 당시 단기선교를 마치고 다들 한국으로 가고 싶어서 짐을 챙길 때 김 선교사님은 도무지 발걸음이 떨어지지 않았다고 한다. 그렇게 한국으로 돌아와 최대한 빨리 짐을 싸서 다시 캄보디아로 들어갔고 지금까지 십수 년째 선교사로 사역하고 있다.

물이 없으니 곡괭이로 땅을 파고, 삽으로 흙을 파내서 우물을 만들었다. 자연스럽게 우물 주변으로 주민들이 모이게 되고, 무더위를 식히는 유일한 장소가 되었다. 내친김에 한국에 요청하여 작은 놀이터를 만들어 놨더니 그야말로 워터파크가 되었다.

김 선교사는 현지인들과 똑같이 살려고 지금까지 에어컨을 사용하지 않고, 한국 사람이 아예 없는 곳으로 들어가서 그들과 동화되어 살았다. 그래서인지 캄보디아어에 아주 능통하다. 7년 전에 신학 서적을 캄보디아어로 번역을 해서 가르칠 정도였다.

정 선교사님께 받은 선교 과외가 생각났다. 선교사에게 언어는 소명과 연결되어 있다는 것을…. 그 후로 일본과 캄보디아를 병행하여 선교하게 되었다. 팀으로 갈 땐 프로그램을 만들어 사역했고, 한두 명 소수로 갔을 때는 주로 선교사님을 위로하고,

맛있는 거 먹고, 선교에 관한 이야기를 나누었다.

마지막으로 방문했을 때에는 김 선교사님과 협력하는 다른 선교사님들과 함께 구형 스타렉스를 타고 시엡립에서 프놈펜 아래에 있는 시아누크 빌이라는 바닷가까지 횡단하기도 했다. 이제는 몸이 예전 같지? 않아 캄보디아 직접 가지는 못한다. 사람이 얼굴을 보지 않으면 마음도 멀어지는 법이다. 김 선교사가 종종 전화 와서 말한다. "목사님! 선교사가 전화를 걸면 다들 부담스러워서 합니다. 목사님도 부담스럽습니까?"

단기선교를 다녀간 수많은 사람이 캄보디아에서는 그렇게 친한 척?을 하다가 한국 오면 꼭 연락하라고 하는데 정작 연락을 하면 부담스러워 한다는 것이다. 선교사에겐 그저 친구가 필요했을 뿐이다. 전화만 잘 받아줘도 선교에 동참하는 것이라 생각이 든다.

지금도 기억나는 일이 하나 있다. 나는 선교사님들에게 종종 영상통화를 한다. 한 날은 김 선교사님에게 영상통화를 했는데, 말끔하게 셔츠를 입고 있었다. 늘 늘어진 티셔츠를 입고 반바지에 맨발로 다니는 양반이 웬일로? … 알고 보니 그날이 김 선교사의 결혼식이었다. 함께 사역하던 선교사님과 결혼식을 하는데, 둘이서 들판에 핀 꽃과 풀을 엮어서 손에 들고, 동네 아이들

모아놓고 사진 한번 찍는 것이 전부였다. 그날 나는 영광스럽게
도 온라인 하객으로 참여하게 되었다.

단기선교 왔다가 선교사도 되고, 결혼도 하고…. 지금은 김
선교사를 중심으로 하여 여러 개의 마을에 교회도 세우고, 보건
소도 세우고, 최근에는 축구장도 만들어서 아이들과 함께 뛰어
놀며 선교지의 은혜를 누리고 있다.

> 내가 너와 함께 있으매 어떤 사람도 너를 대적하여 해롭게 할 자
> 가 없을 것이니 이는 이 성중에 내 백성이 많음이라 하시더라 일 년
> 육 개월을 머물며 그들 가운데서 하나님의 말씀을 가르치니라 _행
> 18:10-11

선교사가 선교지에 있는 이유는, 거기에 하나님의 백성이 있
기 때문이다. 바울의 사역도 어떻게 보면 단기선교의 연속이라
고 할 수 있다(짧게는 몇 달, 길게는 몇 년). 바울은 선교지에 머물며
말씀을 가르치고 교회를 세워서 다른 사역자에게 넘겨주고 또
다른 선교지를 향해 떠나는 그야말로 단기선교사였다. 기억하
라! 위대한 바울도 처음엔 단기선교로 시작했다. 단기가 중기가
되고, 중기가 장기가 되고, 캄보디아 김 선교사님처럼 평생 선
교사가 되는 것이다.

3

마카롱 선교를 통해 교회 문턱을 낮추다

우리 교회의 설립일은 6월 6일 현충일이다. 매년 설립 주간에는 단기선교를 갔었다. 코로나19로 인해 4년 정도 중단되었던 선교, 어느 정도 분위기가 정리되어 2023년 6월 5일 단기선교를 출발한다. 초등학생 두 명, 중 학생 두 명을 포함하여 총 10명이 지원을 했고, 3개월 전부터 모여 기도하며 선교를 준비하였다.

예전에는 길거리에 나가서 일본어 찬양도 부르고, 노방전도도 했는데 시국이 시국인지라 전략을 좀 바꿨다. 일본사람들은 한국 김치를 좋아한다. 그래서 한때는 김치 선교라는 말까지 생길 정도로 유행했었다. 그런데 시대가 많이 바뀌지 않았는가? 요즘은 마카롱과 같은 디저트가 유행이다. 다행인지? 우연인지? 우리 교회에 마카롱 전문점을 운영하며, 교육도 하는 집사님이 있다. 코로나 전에 일본에서 마카롱 교실을 열었는데 말

그대로 대박이 났다.

믿지 않는 일본인이 교회의 문턱을 넘기가 참으로 쉽지 않은 일인데, 심지어 거기에 오신 분들은 회비 2천 엔까지 내고 교회 안으로 들어온 것이다. 마카롱 수업만 하는 것이 아니다. 2시간 정도 시간이 걸리기 때문에 전략적으로 수업을 하면서 자연스럽게 하나님을 믿게 된 계기들을 간증한다. 물론 옆에서 선교사님과 선교사님 자녀들이 통역을 맛깔나게 잘 해 주신다.

우리 교회 마카롱 집사님은 일본어 과외까지 받으면서 모든 수업을 일본어로 진행을 한다. 이번에도 역시 더 강력해진 일본 어와 마카롱 실력으로 단기선교를 준비하고 있다. 선교지에서 마카롱에 대한 반응이 너무 좋았기에 요번에는 이웃에 있는 다른 교회까지 사역을 확장하게 되었다.

우리 교회는 단기선교를 갈 때 가능하면 아이들을 데리고 간다. 물론 어린아이들을 데리고 가면 두 배, 세 배 힘든 점이 많다. 여섯 살, 여덟 살 때 엄마 손 잡고 단기선교 갔던 아이들이 이제는 5학년, 중학생이 되어 이제 어엿한 단기선교사로서, 프로그램을 하나씩 진행하기로 했다.

정 선교사님이 사역하는 교회에는 유독 아이들이 많다. 사모님이신 이 선교사님이 '어와나' 어린 사역을 하시기 때문이다. 이번에도 우리 교회 아이들과 일본교회 아이들이 여러 차례 만나서 프로그램도 하고, 믿지 않는 아이들도 만날 예정이다. 무엇보다 모든 일정이 끝나고 하루 정도는 쉼을 가지고 관광도 하는데 선교사님의 가정과 늘 함께한다. 선교사님의 자녀들 역시 이미 우리 교회 아이들과 여러 차례 교류했기 때문에 끈끈한 관계가 형성되어 있다. 아이들에게도 좋은 추억이 되지 않을까? 혹시 아는가? 캄보디아의 김 선교사처럼 단기선교 갔다가….

집에 들어가시매 제자들이 조용히 묻자오되 우리는 어찌하여 능히 그 귀신을 쫓아내지 못하였나이까 이르시되 기도 외에 다른 것으로는 이런 종류가 나갈 수 없느니라 하시니라 _ 막 9:28-29

선교를 앞두고 두 달간 저녁기도회가 진행 중이고 매일 저녁 선교에 관한 말씀을 나누고 있다. 어딜 가나 마찬가지겠지만, 선교지는 영적으로 좀 더 치열한 것 같다. 바울도 가는 곳마다 귀신을 쫓아내고, 병든 자를 고치며 하나님의 나라를 선포하였다. 우리는 그런 기적까지는 바라지 않지만, 적어도 기도 없이, 준비 없이 갔다가 오히려 선교지에 해를 끼치고 싶지는 않았다. 다만 우리가 준비한 작은 것들을 통해 한 영혼이라도 구원받기를 바라는 마음으로 기도할 뿐이다.

4
스페인 선교를 통해 땅 끝을 경험하다

늘 사도행전 1장 8절을 보면서 예루살렘과 온 유대와 사마리 아와 땅 끝까지…. 저 땅 끝은 어디일까? 당시 그들에게 땅 끝 은 스페인이었다. 바울이 로마교회에게 후원까지 요청하면서 마지막으로 밟아보고 싶었던 곳! 땅 끝에 있는 서바나, 스페인 이다.

> 이제는 이 지방에 일할 곳이 없고 또 여러 해 전부터 언제든지 서바 나로 갈 때에 너희에게 가기를 바라고 있었으니 _ 롬 15:23

막연하게 나도 언젠가 땅 끝에 가보고 싶다는 생각을 했었 다. 일본과 캄보디아를 왔다 갔다 하며 목회를 하고 있던 그 어 느 날, 곧 은퇴를 앞둔 선교사님께 연락이 왔다. 스페인 선교 34주년 기념 집회와 행사를 하는데 오기로 한 분이 갑자기 몸이 아프셔서 나를 추천했다고 하셨다. 기회는 바로! 이때! 무조건

간다고 했다.

내 마음속에서는 "야~ 여기저기 선교 다니다 보니 그렇게 가고 싶었던 땅 끝에도 가게 되네!"라고 하며 하나님께 감사했다. 스페인 마드리드에 도착하여 현지 교회를 방문하여 예배도 드리고 기념 집회 때에 설교도 하고, 여기저기 선교 현장을 돌아보았다.

의아했던 것은 스페인 선교지에 스페인 사람은 한 사람도 없다는 것이다. 스페인은 이미 골수 카톨릭에 젖어 있으므로 한국 선교사가 사역하는 교회에 온다는 것이 쉬운 일이 아니었다. 선교지에 있는 대부분 사람은 남미에서 스페인에 일하러 온 외국인 노동자들이었다.

바울이 스페인에 왔을까? 안 왔을까? 34년간 그곳에 사역하던 선교사님이 하시는 말은 바울이 왔다는 흔적은 찾지 못했다고 하신다. 요나가 가려고 했던 다시스가 스페인에 있었다. 돈 키호테의 고향과 순례자의 길로 잘 알려진 산티아고가 여기 있었다.

지금도 비행기를 타고 열 몇 시간을 가야 하는 길이다. 교통도 변변치 않던 그 시절 예루살렘에서 시작된 바울의 선교여행이 얼마나 많은 시간과 헌신이 있었는지 생각하게 되었다. 나는 또 그곳에서 횡단본능에 사로잡혀 결국 30년 된 고물 자동차를 타고 선교사님과 함께 마드리드에서 바르셀로나까지 횡단을 감행했다. 끝없이 펼쳐진 광활한 스페인 고속도로를 달리며 선교지에서 꿀맛 같았던 마지막 시간을 보냈다. 그래도 나는 성경에서 말하는 땅 끝까지 와서 복음을 전한 목사가 되었다. 그러면서 내 마음속에 내가 가야 할 땅 끝은 어디지?라는 생각이 들었다. 남극이나 북극까지 가야 하나….

실제적인 거리는 가장 가깝지만, 마음의 거리가 가장 먼 곳도 땅 끝이 아닐까? 내가 사는 부산이라는 지역만 보더라도 복음화율이 매우 낮다. 더욱이 다음 세대들의 복음화율은 거의 미전도종족에 속할 정도이다.

몇 해 전 미국에서 열린 예수전도단 전략회의에 참석하신 목사님에게 직접 들은 말이 있다. 예수전도단에서는 대한민국 청소년들의 복음화율이 너무 낮아서 전략적으로 문화와 공연을 통해 접근하는 선교사들을 파송하기로 했다는 것이다. 그들에겐 우리나라 청소년들이 땅 끝이 된 셈이다.

목회자인 나 역시 어렴풋이 알고는 있지만, 청소년 복음화에 대해 심각하게 생각하고 있지는 못했다. 한국교회 중에 주일학교가 없는 곳이 거의 80% 이상이 된다는 통계가 있다. 우리 교회만 봐도 개척 8년 차인데 미취학 아동과 초등학생들은 20명 정도 되지만 청소년들은 아직 5명밖에 모이지 않는다.

우리가 일본이나 필리핀, 캄보디아에 가서 전도행사를 하면서 복음을 전하는 열정으로 국내의 교회들도 각 지역에 다양한 방법으로 접근하여 복음을 전해야 한다. 우리도 잘 인식하지 못하고 있는 한국교회의 미래를 다른 나라에 있는 선교단체를 통해 인식하게 된다.

> 그 세대의 사람도 다 그 조상들에게로 돌아갔고 그 후에 일어난 다른 세대는 여호와를 알지 못하며 여호와께서 이스라엘을 위하여 행하신 일도 알지 못하였더라 _ 삿 2:10

그러고 보면 집에 있는 나의 자녀들이 다름 아닌 '땅 끝'이라고 할 수 있다. 우리는 다음 세대가 하나님을 알지 못하는 다른 세대가 되지 않도록 복음을 전해야 할 것이다.

5
선교 플리마켓

교회마다 선교지를 후원하기 위해 바자회를 개최하곤 한다. 우리 교회 역시 코로나 시절에 더욱더 어려워진 선교지를 돕기 위해 '온라인 플리마켓'을 시작했다. 방법은 간단하다. 단체 톡방을 개설하여 아이들까지 다 초대를 한 다음에 기간을 정해놓고 자신이 팔고 싶은 물건과 가격을 올려놓으면 사고 싶은 사람이 먼저 찜을 하고, 물건을 판 사람은 선교헌금을 하면 된다.

예상외로 정말 열띤 시장이 열렸다. 1초 차이로 원하는 물건을 구매하지 못해서 협상하기도 하고, 흥정하기도 했다. 아이들은 아이들 나름대로 학용품이나 가지고 놀지 않는 인형들을 내어놓았다. 가격이 저렴하여서 2주간 매매가 활발하게 이루어졌다.

선교 플리마켓이 종료되고 적지 않은 금액이 모여 선교사님에게 전달해 드렸다. 그 후로도 2차, 3차까지 이어지다가 코로나가 풀리면서 최근에는 오프라인으로 플리마켓을 진행했는데 그야말로 성황리에 행사가 진행되었다.

선교사들에게는 모국에 있는 교회가 자신들을 잊지 않고 기억해주는 것만으로도 큰 힘이 된다. 이런 행사 사진과 진행 과정을 함께 공유하다 보면 마치 멀리 있는 선교지가 바로 옆에 있는 것처럼 느껴진다.

이런 일들이 자극되어서인가? 우리 교회 초등학생 몇 명이 선교사님의 자녀들을 위로하기 위해 모든 것을 다 파는 상점에 가서 한 상자 가득 담아 온 것이 아닌가? 편지도 쓰고, 한국 감성이 물씬 느껴지는 다양한 물건들을 국제우편으로 보냈다. 선교사님의 자녀들은 한국에서 보낸 선물을 받고 큰 위로를 받았고, 선교사님 자녀들 역시 상자에 아기자기한 일본 과자, 인형들을 담아 우리 교회 아이들에게로 보내왔다.

우리 교회 다음 세대들도 서서히 선교 체질로 바뀌고 있는 모습을 보며 참으로 감사하고 대견스러웠다. 사실 그 당시 정 선교사님의 장인어른이 돌아가셨는데 코로나가 가장 심각할 때라 임종을 지켜보지 못한 것에 대한 아픔이 있었고, 아이들도 외할아버지의 장례에 참여하지 못해 슬퍼하고 있을 때여서인지

작은 선물이 큰 위로가 된 것 같다.

이렇게 선교는 거창한 것이 아니라 늘 마음속에 선교지를 품고, 선교사님과 가정을 생각하고, 선교지에 있는 교회를 우리 교회의 일부라고 생각하는 마음에서부터 시작되는 듯하다.

> 내가 너희를 생각할 때마다 나의 하나님께 감사하며 간구할 때마다 너희 무리를 위하여 기쁨으로 항상 간구함은 너희가 첫날부터 이제까지 복음을 위한 일에 참여하고 있기 때문이라 _ 빌 1:1-3

바울은 지금 감옥에서 이 편지를 쓰고 있다. 바울은 늘 하나님께 감사하면서도 자신을 후원하는 교회들에 대한 고마움도 잊지 않았다. 바울의 서신에 동역자들이 이름을 하나하나 기록하면서 안부를 묻는 것만 봐도 바울의 인품을 알 수 있다.

일본에 계신 정 선교사님도 한결같이 나에게 늘 장문의 톡을 보내신다. 그리고 보니 바울과 말투가 비슷하기도 한 것 같다.

6
선교지는 우상 공화국

한 날은 캄보디아에서 십수 년 사역하고 있는 김 선교사에게 몇 장의 사진을 받게 되었다. 우리가 잘 알고 있는 불교의 부처상이었다. "아니 아침부터 목사에게 왜 부처상을 보냈지?" 하고 자세히 들여다보니 부처상 뒤에 뱀 일곱 마리가 머리를 꼿꼿이 세우고 있는 것이 아닌가? 순간 요한계시록에 나오는 머리가 일곱 달린 용이 생각이 났다.

캄보디아에서 꽤 오래 사역한 김 선교사의 눈에 이제 이 부처상이 들어왔고, 성경에 있는 용의 모습과 흡사한 것을 발견하고 나에게 사진을 보내온 것이다. 우리나라 절간에 가도 온통 용으로 도배가 되어 있다.

캄보디아 하면 앙코르와트를 빠뜨릴 수 없다. 캄보디아가 지금이야 불교국가이지만, 앙코르와트는 A.D 1150년경에 당시 크메르 제국의 수리야바르만 2세가 만든 힌두교 사원이다. 세계 불가사의 중에 하나로 꼽힐 만큼 위대하고 웅장하다. 그런데 그 사원 전체를 아나콘다와 같은 큰 뱀이 둘러쌓고 있다는 사실은 잘 알려지지 않고 있다.

나는 캄보디아를 10회 이상 방문을 했다. 캄보디아를 횡단하면서 여기저기를 살펴보았다. 그런데 가는 곳마다 불교사원들이 있었고 대다수 사원을 둘러싸고 있는 담벼락은 큰 뱀이 휘감고 있는 모양으로 되어 있다.

가끔 김 선교사가 한숨을 푹푹 내쉬며 전화가 온다. 십수 년을 선교하고, 마을 사람들에게 복음을 전했지만, 여전히 미신에 빠져서 귀신들을 두려워하며 사원에 돈을 갖다 바치는 그 사람들이 너무나 가련하기도 하고 답답하여 하소연한다.

일본은 선진국이라 뭐 좀 다른가? 아니다. 일본이야말로 오만가지 신이 다 존재하는 나라가 아닌가? 나는 일본도 10회 이상 방문을 했다. 한 번씩 오사카나 도쿄에 있는 도시에 가보면 대형 빌딩들 사이에 자리 잡은 조그마한 절간들을 어렵지 않게 볼 수 있다. 절이 산에 있는 게 아니라 도심 한복판에 편의점처럼 즐비하게 늘어져 있다.

예전에 그리스 아테네의 관공서를 방문한 적이 있는데 역시 머리카락이 뱀으로 되어 있는 메듀사(눈을 쳐다보면 돌로 변하게 되는 마력을 가진 신)의 형상이 있는 게 아닌가? 아하! 참으로 참담하다. 우리나라도 별수 없지만, 선교사님들은 타지에 사는 것도 서럽고 힘든데, 온갖 우상들과 영적인 싸움까지 해야 하니 고국에서 물심양면으로 지원하는 것이 당연한 것이 아닌가?

> 즉 데메드리오라 하는 어떤 은장색이 은으로 아데미의 신상 모형을 만들어 직공들에게 적지 않은 벌이를 하게 하더니 그가 그 직공들과 그러한 영업하는 자들을 모아 이르되 여러분도 알거니와 우리의 풍족한 생활이 이 생업에 있는데 이 바울이 에베소뿐 아니라 거의 전 아시아를 통하여 수많은 사람을 권유하여 말하되 사람의 손으로 만든 것들은 신이 아니라 하니 이는 그대들도 보고 들은 것이라 우리의 이 영업이 천하여질 위험이 있을 뿐 아니라 큰 여신 아데미의 신전도 무시 당하게 되고 온 아시아와 천하가 위하는 그의 위엄도 떨어질까 하노라 하더라 _ 행 19:24-27

에베소는 아데미 여신을 숭배하는 도시였다. 그런데 우상숭배를 가만히 들여다보면 실제로는 우상을 숭배하는 것이 아니라 자신을 숭배하는 것을 볼 수 있다. 그들이 우상을 숭배하는 이유는 다름 아닌 '돈' 때문이다. 바울이 손으로 만든 우상은 신이 아니라고 하니 자신들의 돈벌이가 막히게 된 것이다.

우상의 형상을 만들어 놓고 절하는 것이나, 돈을 사랑하므로 하나님을 이용하는 것이 같은 우상숭배일 뿐이다. 돈이면 다 되는! 돈이 곧 신이 된 세상 모두가 우상 공화국이 아니겠는가? 바울은 이런 에베소 교회를 향해 하나님의 말씀을 성토한다.

> 우리의 씨름은 혈과 육을 상대하는 것이 아니요 통치자들과 권세들과 이 어둠의 세상 주관자들과 하늘에 있는 악의 영들을 상대함이라 _ 엡 6:12

5장

진짜 선교를 시작하라!

1

선교사의 자녀를 위한 사역

태어나보니 부모가 선교사였고, 한국 사람인데 사는 곳은 외국이었다. 이것이 선교사 자녀들이 겪게 되는 첫 번째 충격이다. 나도 외국에 한 2년 살아 봤지만, 이중언어를 한다는 것이 쉽지 않고, 인종차별과 다양한 문화 속에서 겪는 어려움이 결코 만만치가 않다.

최근 로뎀나무 선교회 회장님께서 한 달 안식월을 얻어 일본과 르완다, 남아프리카 공화국을 방문했다. 역시 로뎀나무 선교회 회장이시다! 안식월도 선교지로 가시니 말 다한 거 아닌가? 물론 어마어마한 물질이 들었다. 안식월을 보내라고 교회에서 주신 후원금과 선교지에 보내는 후원금 그리고 개인적으로 찔러주신 돈을 전부 다 쏟아놓고 오히려 빚까지 내어서 선교사님들을 위로하고 돌아오셨다.

특히 남아프리카 공화국에서 아주 특별한 선교사님을 만났다고 연락이 왔다. 아마 기억할 수도 있지만, 예전에 한국 선교사가 남아공에서 현지인에게 총을 맞고 순교한 사건이 있었다. 그 광경을 다 지켜보았던 자녀가 이제 어느덧 나이가 중년이 되어 아버지의 뒤를 이어 그 자리에서 계속 선교사로 헌신하고 있으셨다. 말만 들어도 코끝이 찡해진다.

로뎀 회장님이 실시간으로 남아공 현장 사진을 보내오셨고, 그 선교사님과 사모님을 사진도 받아 보았다. 그 누구보다 환하고, 밝고 행복해 보였다. 이것을 뭐라고 설명할 수 있을까? 나 같으면 다시는 남아공 쪽으로 쳐다도 보지도 않은 채 평생 분노에 사로잡혀 살고 있을 것 같은데 말이다.

이건 순전히 내가 경험한 지극히 개인적인 것이다. 그동안 만나봤던 선교사님들의 자녀는 대부분 소위 말하는 하나님의 복을 받아 누린다는 것이다. 물론 선교사인 부모를 원망하여 빗나간 자녀들도 종종 보게 된다. 그럼에도 하나님께서는 모든 것을 포기하고 선교에 헌신 한 그분들의 수고를 외면하지 않으신다.

우리 교회가 선교사님 자녀들에 대해 애착을 가지는 이유도 여기에 있다. 사실 한국은 어렵다, 어렵다 하지만 물론 진짜 어렵다. 그럼에도 내가 목회하는 신도시는 비교적 살만하다. 절대적인 빈곤이 아니라 대부분 상대적인 빈곤으로 힘들어하는 듯하다. 일반 유치원을 보낼지? 영어 유치원을 보낼지? 이 브랜드의 옷을 입힐지? 저 브랜드의 옷을 입힐지? 학원을 두 개를 보낼지? 세 개를 보낼지? 뭐 이런 고민들이다.

그러나 선교지에서는 절대적 빈곤에 빠져 있다. 우리 교회가 나름 적극적으로 선교지에 동참할 수 있는 것도 우리가 하나님께로부터 받은 것이 너무나 많기 때문이다. 우리 자녀들에게 하는 거 1/10이라도 선교지로 흘려보낸다면 절대적 빈곤에 허덕이는 선교사들의 무거운 짐을 조금은 덜어줄 수 있을 것이다.

> 임금이 대답하여 이르시되 내가 진실로 너희에게 이르노니 너희가 여기 내 형제 중에 지극히 작은 자 하나에게 한 것이 곧 내게 한 것이니라 하시고 _ 마 25:40

나도 목회자이고 사춘기 두 자녀를 둔 부모이다. 교인 수십 명이 힘들게 하는 것은 사역 일부로 여기고 견딜 수 있지만, 자녀들과 관계가 좋지 못할 땐 목회가 흔들거린다. 해서 누군가 나의 자녀들을 기억해주고, 용돈 쥐여주고, 격려해주는 것이 그렇게 고마울 수가 없다. 목사는 목사니까 늘 대접을 잘 받는다. 그런데 의외로 목회자 혹은 선교사의 자녀들이 소외되는 경우가 많다. 왜? 어리니까….

지극히 작은 자 하나에게 한 것이 곧 내게 한 것이니라.

2
갑질 선교를 멈추고, 진짜 선교를 시작하라

좀 예민한 주제이다. 나 역시 선교사에게 '갑질러'가 되고 있지 않은지 돌아보면서 이 글을 쓴다. 선교사는 늘 후원교회에 대하여 저자세를 가져야 한다. 후원교회는 보고를 받고, 헌금을 보내는 주는 쪽이고, 선교사는 늘 보고를 하고 헌금을 받는 쪽이다. 선교 정책상 후원이 중단되면 선교사의 자질문제까지 연관되기 때문에 더더욱 후원교회와의 관계는 중요하다.

본의 아니게 구조상 후원교회는 갑이 되고, 후원받는 선교사는 을처럼 보이게 된다. 모두가 그런 것은 아니지만 종종 후원교회의 목회자와 관계자들이 선교지를 방문하게 된다. 물론 선교도 하고, 설교도 한다. 그런데 이런 기회가 아니면 외국에 나가는 것이 힘들어서 선교로 나간 김에 관광도 하고, 쇼핑도 하게 된다.

여기까지는 좋다. 그런데 마치 선교사님을 여행사 직원처럼 여기며 오라~가라~ 하며 자신들의 운전기사처럼 대우하거나 쇼핑의 짐꾼처럼 부릴 때가 있다. 마치 당연하다는 듯이 "내가 후원하니까 이 정도는 해줘야지"… 최근에 유행하는 '은혜'라는 찬양 가사에 "당연한게 아니라 은혜였소!"가 나온다. 그렇다. 이 세상에는 당연한 것도 없고, 원래부터 그런 것도 없다.

뭐~ 여기까지도 이해할 수 있다. 더 심각한 것은 관광이나 쇼핑을 하려면 끝까지 함께 해야지 입장료가 조금 비싸거나 음식값이 좀 비싼 곳으로 갈 때는 '선교사님! 수고했습니다. 이제 가보셔도 됩니다. 우리가 알아서 있다가 숙소로 가겠습니다'. 이렇게 정말 좋은 곳에 갈 때는 선교사님만 쏙 빼놓고 가는 얌체?후원자들도 많다는 것이다.

최근에도 이런 이야기를 들었다. 어떤 선교사님은 선교지에 있으면서 인근에 있는 아주 유명한 관광지에 20년 만에 처음 가봤다고 하는 것이다. 입장료가 비싸기 때문에 항상 한국에서 온 팀들만 들어가고 선교사는 차 안에 있거나 한참을 혼자 기다려야 했다는 것이다. 물론 선교사들이 그런 것을 바라지도 않을 것이다. 그런데 마음의 문제가 아닌가 싶다.

후원도 좋고, 방문도 좋고, 관광과 쇼핑도 좋다! 제발! 좋은 것을 끝까지 함께 공유하기를 바란다. 단기선교를 수 십 차례 다니다 보니 자연스럽게 눈에 들어온 것이지 선교사님이 나에게 '내부고발'을 한 것은 절대 아니다!!

> 가르침을 받는 자는 말씀을 가르치는 자와 모든 좋은 것을 함께 하라 _ 갈 6:6

갑질러가 되지 않으려면 좋은 것을 함께 하면 된다. 선교 예산을 세울 때 항상 선교사님과 가정과 자녀를 다 포함하는 것을 추천한다. 돈의 문제가 아니라 마음의 문제이다. 하나님께서 이런 넉넉한 마음을 기뻐하신다. 즐겨 내는 자를 사랑하신다. 우리가 편안하게 누리려고 하는 것을 조금만 포기하면 다 함께 좋은 것을 누릴 수 있다. 선교는 선교사를 위로하고 섬기기 위한 것이지 내가 하고 싶은 것을 하는 것이 아니다. 그건 그냥! 여행이다.

3
선교의 속도

    모든 면에서 한국교회도 힘들고, 선교지는 더 힘들다. 교회마다 재정상태가 좋지 않으면 제일 먼저 삭감시키는 항목이 선교비이다. 그다음이 교육비이다. 현상 유지만 하겠다는 것이다. 뉴저지 드류대학의 레너드 스윗 교수는 교회를 네 종류로 분류를 했다.

    첫째는 선교적인 교회(Mission Church)이다. 하나님 나라의 확장을 기반으로 복음을 전하는 일에 최우선 순위를 두는 교회이다. 둘째는 목회적 교회(Ministry Church)이다. 선교와 전도를 통한 복음의 열정은 사라지고 행정 중심의 교회가 되는 것이다. 셋째는 현상유지적인 교회(Maintenance Church)이다. 교회가 복지부동(伏地不動)하고 모든 것을 귀찮아하며 형식만 남아 껍데기만 있는 교회로 변질한다는 사실이다. 넷째는 박물관교회(Museum Church)이다. 과거의 아름다운 추억만을 전시해놓고 "아~ 옛날

이여!"를 외치며 "라떼는 말이야"라고 하는 그런 교회가 돼버린다.

우리나라만큼 변화가 빠른 곳은 또 없을 것이다. 인터넷 속도도 미국을 능가하고 있다. 도무지 느려터진 것을 견디지 못하는 곳이 우리나라이다. 그러다 보니 사람들의 생각이나 삶의 방식도 너무나 빠르고 다양하게 변화한다.

그런데 우리가 섬겨야 할 선교지는 또 시간이 느리게 흘러간다. 캄보디아와 같은 나라는 말할 것도 없지만, 우리 교회가 섬기는 일본만 하더라도 분명 우리나라보다 더 잘 사는 나라인데 기능적인 면에서는 한 참 뒤떨어진 듯하다.

시간이 너무나 느리게 흘러가고 있는 선교지에서 수십 년간 살면서 거의 그 나라 사람이 다된 50~60대 선교사와 시간이 너무나 빠르게 흘러가고 있는 한국에서 사는 MZ 세대들을 차세대 선교사로 동원해야 하는 중간에 끼어있는 한국교회와 목회자가 풀어야 할 과제가 결코 만만치 않다고 본다.

선교사는 한 걸음 더 나아가고, 한국 목회자는 한 걸음 뒤로 물러나서 피차 속도를 맞춰서 합의점을 찾아야 한다. 이게 하루아침에 되겠는가? 지속적인 방문과 교류, 교제가 불가피하다. 이런 일련의 과정을 통해 우리는 또 그렇게 선교 체질이 되어 간다.

> 사환들아 범사에 두려워함으로 주인들에게 순종하되 선하고 관용하는 자들에게만 아니라 또한 까다로운 자들에게도 그리하라 _ 벧전 2:18

나는 18년째 한 여자와 살고 있다. 중간중간에 엄청난 위기들이 많았지만, 지금은 매우 안정적이다. 지금 생각해도 아내와 나는 정말 맞지 않다. 달라도 너무나 다르다. 요즘 유행하는 MBTI도 정반대이다. 그런데 지금까지 살 수 있었던 것은 하나님의 은혜요! 피차 서로를 참아주었기 때문이다. 누가 더 오래 참아야 하나? 믿음이 조금이라도 좋은 사람이 더 참으면 된다.

일본의 정 선교사님과의 인연도 어느덧 8년째에 접어든다. 나 역시 성격이 만만치 않은 목사이다. 그리고 한 참 후배인 목사이다. 정 선교사님의 성향도 나와는 다르다. 세상에 합이 딱! 맞는 사람이 어디 있겠는가? 정 선교사님이 철없고 열정만 가득한 후배 목사를 잘 받아 주었기에 지금까지 선교에 매진할 수 있었던 것 같다.

4
선교, 가볍게 여기지 말고, 계속하라

나 역시 이제 40대 중반을 넘어가고 있기에(아직 새파란, 머리에 피도….), 목회든, 선교든 다음 세대를 생각하지 않을 수 없게 된다. 다음 세대에게 말씀과 교리를 가르치는 작은 단체에서 몇년간 봉사하고 있다. 그런데 강사진들이 대부분 내 또래이다. 참여하는 아이들은 8살부터 19살까지이다. 서서히 한계를 느낀다. 이제 30대 중 후반 후배 목사들에게 강사 자리를 물려주려고 한다.

선교도 마찬가지이다. 어떻게든 다음 세대에게도 선교 체질이라는 좋은 유산을 물려줘야 하는데 그게 그냥 되는 것이 아니다. 힘들지만 내 또래 목사가 다음 세대를 데리고 계속 선교지에 방문하고 교제하는 수밖에 없다. 동시에 선교사님과 지속적인 대화를 통해 한국의 정서와 문화를 이해시켜야 한다. 항상 가운데서 다리 역할을 하는 위치가 힘든 것 같다. 그럼에도 선교의 대를 이어가기 위해 헌신해야 한다.

한국의 다음 세대에게는 선교지의 특수성을 이해시키고 사전 교육도 해야 한다. 하지만 가장 중요한 것은 선교에 대해 전혀 관심이 없는 그들에게 선교지에 대한 좋은 인상을 심어주는 것도 중요하다. 내가 일본을 선교지로 선택한 것은 가까운 거리와 비교적 괜찮은 치안 등 현실적인 부분도 배제할 수 없었다.

물론 먼 나라에도 선교하러 가야 하지만, 지속 가능하게 하려면 나하고 합이 맞아야 한다. 아마 선교지가 아마존이었다면 나는 한 번도 못 가보고 그저 후원금만 매달 보내는 것에 만족해야 했을지도 모르겠다. 캄보디아, 필리핀 등을 오가며 나름 '나의 선교지'를 찾은 것이다.

서서히 조금씩 점진적으로 선교지를 보여주고, 경험하고, 그 나라의 문화도 체험하게 하면서 자연스럽게 선교지에 관한 관심을 가지도록 해야 한다.

요즘 젊은 선교사들은 자신들의 일상을 브이로그로 제작하여 한국에 홍보?를 하기도 한다. 젊은 세대는 온라인이라는 가상 공간에서 사람과의 관계를 맺는 세대이기 때문에 이 또한 또 다른 선교지라고 여기고 현실을 받아들여야 한다.

누구든지 네 연소함을 업신여기지 못하게 하고 오직 말과 행실과 사랑과 믿음과 정절에 있어서 믿는 자에게 본이 되어 내가 이를 때까지 읽는 것과 권하는 것과 가르치는 것에 전념하라 네 속에 있는 은사 곧 장로의 회에서 안수 받을 때에 예언을 통하여 받은 것을 가볍게 여기지 말며 이 모든 일에 전심 전력하여 너의 성숙함을 모든 사람에게 나타나게 하라 네가 네 자신과 가르침을 살펴 이 일을 계속하라 이것을 행함으로 네 자신과 네게 듣는 자를 구원하리라 _ 딤전 4:12-16

나는 디모데전.후서를 읽을 때마다 뭔가 모를 뭉클함이 있다. 바울이 영적으로 낳은 아들 디모데에게 유언으로 남기는 마지막 당부이기 때문이다. 이 서신에서 알 수 있듯이 디모데는 아직 젊은 목회자이다. 그럼에도 디모데가 안수받을 때 받은 은사가 있는데 그것을 결코 가볍게 여기지 말라고 당부한다. 바울은 디모데가 가진 은사 혹은 재능을 이미 파악하고 있었고, 자신의 뒤를 이어 교회를 잘 섬기라고 당부하고 있다.

요즘 한국교회는 은퇴와 청빙 과정에서 엄청난 홍역을 앓고 있다. 은퇴해야 할 목사가 은퇴하지 않아서 문제가 되고, 후임자를 선정하는 과정에서도 많은 갈등을 겪고 있다. 고심 끝에 후임 목사를 청빙을 해도 문제는 끝나지 않는다. 이미 한 목사에게 수십 년간 익숙해진 성도들이 새로운 목사와 합을 맞추기가 쉽지 않고, 목사의 청빙 결정권을 가진 세대는 대부분

60~70대이고 후임 목사의 연령대는 거의 MZ세대이기 때문에 이 또한 풀어가야 할 과제이다.

　선교지도 마찬가지였다. 앞으로 선교지를 후원하고 동역할 다음 세대가 잘 이어져야 할 것이다. '이 일을 계속하라'는 바울의 권면대로 선교는 계속되어야 한다.

선교 체질, 놀아도 선교사와 놀아라

코로나 시국에 많은 선교사가 한국으로 피신 왔다. 덕분에 해외로 나가지 않아도 많은 선교사를 만날 수 있었다. 튀르키예, 중국, 이집트, 브라질 등 어디서 선교사님이 오셨다는 소식만 들려도 무조건 달려갔다.

주식이나 비트코인, 부동산과 같은 투자정보를 듣는 것 보다 지금 막 현지에서 날아온 따끈따끈한 선교 정보를 듣는 것이 더 좋았다. 선교지에 관한 이야기는 늘 내 가슴을 뛰게 하였고, 지치고 피곤한 목회에 활력을 불어 넣어준다. 저렴한 식사 한 끼 대접하고 값비싼 선교의 은혜를 맛보게 되는 셈이다.

누구와 어울리는지를 보면 그 사람을 어느 정도 알 수 있다. 나는 놀아도 늘 선교사와 논다. 어시장에 가서 같이 회도 먹고, 삼겹살집에 가서 고기도 구워 먹는다. 그러면서 시시콜콜한 이야기로부터 시작하여 땅 끝에서 역사하시는 하나님 이야기까지 폭넓은 대화를 통해 피차 위로를 얻게 된다.

한번은 캄보디아에 전기도 잘 들어오지 않는 오지에서 사역하시는 김 선교사에게 "그 덥고 힘든 나라에서 얼마나 고생이 많습니까?"라고 했더니 오히려 "이 답답하고 치열한 한국에서 목회하느라 얼마나 고생이 많습니까? 저는 목사님이 더 불쌍하게 보입니다"라고 말했다. 듣고 보니 그랬다. 이렇게 서로 격려하며 피차 힘든 길을 또 한 걸음 걷는다.

최근 가덕도(최근 신공항 부지로 확정되어 핫한 섬)에 있는 한 교회를 방문했다. 벌써 100년이 훨씬 넘은 역사를 가지고 있었다. 이미 선교적인 교회로 정평이 나 있었기 때문에 어느 정도 예상을 하고 갔지만, 소문이 너무 축소되어 있었다.

선교관을 무려 18곳이나 운영을 하고 있었다. 더 놀라운 것은 번호표를 뽑고 대기하는 선교사들도 적지 않다는 것이다. 선교관에 머무는 동안 비용은 일절 받지 않는다. 그리고 그곳에 머무는 동안 선교관을 제공하는 교회에 출석하지 않는 것이 원칙이다. 기존의 선교관과는 차별화되어 있었다.

우선은 잘 쉬어야 다음 사역도 이어갈 수 있고, 여기저기 선교 보고와 후원 요청을 해야 해서 교회 측에서 배려하는 것이었다. 선교를 전공하지도 않은 시골교회 목사님께서 정말 앞서가는 선교를 하고 계셨다. 그런 세월이 벌써 15년째라고 하신다. 얼마 전에 선교사님들과 양고기 파티를 하는데 초대되어 갔다. 선교사님들이 직접 현지식으로 구워 주시는 양고기를 먹었다. 여러 나라 선교사님들이 한곳에 다 모여 있었기에 중국 선교사님이 고기를 구우면 중국식이 되고, 몽골 선교사님이 고기를 구우면 몽골식이 되었다. 그 자리에 선교사님들과 함께 있는 그 자체가 참 행복했다.

이렇게 선교 체질이 되다 보니 놀아도 선교사와 놀고, 만나도 선교에 관심 있는 목회자들과 교제하면서 선교에 대해 많은 도전을 받게 된다. 당신 주변을 선교 놀이터로 만들어보라!

> 여호와께서 회오리 바람으로 엘리야를 하늘로 올리고자 하실 때에 엘리야가 엘리사와 더불어 길갈에서 나가더니 엘리야가 엘리사에게 이르되 청하건대 너는 여기 머물라 여호와께서 나를 벧엘로 보내시느니라 하니 엘리사가 이르되 여호와께서 살아 계심과 당신의 영혼이 살아 있음을 두고 맹세하노니 내가 당신을 떠나지 아니하겠나이다 하는지라 이에 두 사람이 벧엘로 내려가니 _ 왕하 2:1-2

엘리사는 직감적으로 알았다. 엘리야의 뒤를 이어 선지자가 되려면 엘리야가 가진 능력의 갑절이 필요하다는 것을…. 해서 그를 따르기 시작했다. 엘리야가 오지 말라고 해도 기어코 엘리야를 따라 다녔다. 나 역시 선교를 계속하기 위해서는 선교지의 영성?이 필요하다는 것을 알고 있다. 나에게도 선교사님의 갑절 능력이 임하길 바라며 계속 선교 놀이를 할 예정이다.

6

'어디 아는 선교사 없나?', 언제든 물어봐 주세요

원고가 거의 마무리 될 때쯤 근처에 있는 친구 목사에게 놀러 갔다. 이 친구가 목회하는 교회는 번듯한 건물도 있고, 예산도 탄탄하고, 성도들도 약 200여 명 모이는 안정적인 교회이다. 부임한지는 이제 3년이 다 되어간다. 밥을 먹고 커피를 마시는데 대뜸 "최 목사~ 혹시 아는 선교지 있나? 이번에 우리 교회 청년부가 단기선교를 하러 가려고 하는데 선교지 선택이 쉽지 않네!"

이야기를 들어보니 부임하고 첫 선교를 준비하는데 아는 선교사가 없어서 그 교회가 그동안 후원해오던 어떤 선교사님에게 연락해서 선교를 준비하는데 너무 맞지 않아서 중도에 포기했다는 것이다. 내가 이미 이 책에서 기록한 대로 내가 겪었던 시행착오를 그대로 겪고 있는 것이 아닌가? 그러면 내 머리에 번뜩! "아! 어쩌면 아직까지 많은 교회가 선교후원은 하고 있지만, 단기선교를 준비하고, 선교사를 선택하는 이 모든 과정에 대해서는 잘 모르고 있구나! 아! 그래서 이 책이 도움이 될 수 있겠구나" 라는 생각이 지나갔다.

나는 친구 목사에게 꼰대같이 한마디 했다. "이보게 친구! 선교사는 선교사에게 물어봐야지"라고 하면서 친분이 있는 선교사에게 추천을 받는 것이 좋다고 했다. 그랬더니 이 친구 목사는 그렇게 친분이 있는 선교사가 없다고 하길래! 내가 일본의 정 선교사님을 소개했고, 정 선교사님이 추천해준 선교사님과 연결이 되어 올여름에 방문하기로 했다. 또 이렇게 선교 중매의 실적을 올리게 되었다.

스마트폰이나 컴퓨터도 주기적으로 업데이트를 해야 제 기능을 할 수 있다. 선교도 마찬가지이다. 주기적으로 업데이트를 하고, 지속해서 교제를 이어 나가야 한다. 오랫동안 후원을 하고 있었지만, 교제가 없다 보니 정작 단기선교를 하러 가려고 할 때 이런 문제가 발생하는 것이고, 심지어 어떤 교회는 이미 은퇴하시거나 사역을 그만두셨음에도 업데이트가 되지 않아 아무것도 모른 채 교회의 후원금이 자동이체가 되는 경우도 있다.

선교 체질인 최 목사의 단기선교 꿀팁을 소개한다.

첫째, 선교는 갑작스럽게 하는 것이 아니라 평소에 선교에 관한 관심으로부터 시작된다. 현지에서의 단회적인 사역보다는 선교사들과의 교제가 선행되어야 한다. 거리가 가깝다면 인솔자가 미리 방문하는 것이 제일 좋다. 사실상 어려운 일이긴 한다. 차선책으로 평소에 관심이 있던 선교사들이 한국에 방문할 때 반드시 직접 만나서 얼굴을 보고 교제해 볼 것을 추천한다.

최근에 한 선교사님이 연락이 오셔서 하소연하셨다. 한국의 어떤 큰 교회에서 연락이 와서 이번 여름에 한 40명 정도 중·고등학생들이 갈 건데 받아 줄 수 있냐고 물었다는 것이다. 그리고 며칠 있다가 인원수를 또 조정하고, 날짜도 조정하다가 결국에는 일방적으로 취소를 했다는 것이다. 그런데 더 안타까운 것은 이런 것을 별로 대수롭지 않게 생각하지 않는다는 것이다. 참으로 무례한 행동이 아닐 수 없다. 선교도, 선교지도, 선교사에 대해서 전혀 관심도 없는 상태에서 교회 행사를 치르기 위해 무슨 수련회 장소 섭외하듯…. 왜 그럴까?

둘째, 선교 일정은 전적으로 선교사에게 맡기는 것이 좋다. 물론 세부적인 조율은 있어야 하겠지만 큰 틀을 짜는 것은 선교사의 몫이다. 우리가 여행을 갈 때 가이드를 두는 이유가 무엇인가? 처음 가본 곳이기에 현지 사정을 전혀 알지 못하기 때문이다. 해서 최소 몇 번까지는 선교사님의 인솔에 따르는 것이 맞다.

나고야는 일본 중에서도 아주 조용한 도시이다. 반면 도쿄는 너무 시끄럽고 복잡했다. 심지어 그 나고야 옆에 있는 코막끼라는 지역은 적막이 흐른다. 거리에 쓰레기를 볼 수 없고, 자동차 경적소리 한번 들을 수 없고, 그 흔한 아이들 떠드는 소리도 들을 수 없다. 해서 이 지역으로 선교를 가게 되면 제일 먼저 침묵을 배워야 한다. 그렇지 않고 한국 스타일로 선교를 하게 되면 오히려 역효과를 일으키게 된다. 그 지역 주민들로 하여금 교회에 대한 이미지를 완전 실추시켜서 전도의 문을 막게 할 수도 있다. 단기선교의 평가는 항상 선교팀이 떠난 뒤 그 자리를 보면 알 수 있다.

셋째, 명확한 기준을 둬야 한다. 많이 가는 것이 중요한 것이 아니다. 너도, 나도 다 가면 좋겠지만 오히려 준비 없이 참여한 몇 사람이 교회뿐 아니라 선교 현장의 분위기도 다 망쳐버릴 수 있다. 나는 이런 어려움을 꽤 겪었다. 인솔자는 몇 배 더 신경을 써야 한다. 우선은 공개적으로 단기팀을 모집을 하되 기간과 장소 및 회비까지 명확하게 명시해야 한다. 특별히 추가로 회비를 더 거두는 일이 없도록 사전에 비행기 값이나 숙소 등의 시세를 확인하여 차질없이 준비해야 한다.

회비를 준비하는 것부터가 선교의 시작이다. 회비를 마련하는 과정 가운데 하나님의 손길을 많이 경험할 수 있다. 각자의 상황이 다양하기 때문에 기간을 좀 넉넉하게 두고 미리 광고하는 것이 좋고, 3번에서 4번에 걸쳐서 부담스럽지 않게 회비를 분할 납부하게 하는 것도 좋은 방법이다.

노쇼를 방지하기 위해 신청을 받을 때 회비의 10%를 미리 내게 하고 어느 기간이 지나면 '환불불가'라고 공지해야 한다. 그리고 회비를 거둘 때에는 10% 정도 상향 조정하는 것이 좋다. 가보면 알겠지만, 항상 현장에서는 돌발상황이 벌어지기 마련이고, 돈은 예산보다 더 들게 된다. 꼭 기억해야 할 것은 선교는 여행이 아니라는 점이다. 내가 낸 만큼 누려야 한다는 생각, 같은 돈을 냈는데 왜 나는 불편한 좌석에 앉아야 하고, 다른 사람보다 좁은 방을 써야 하지에 대한 불만들이 나오지 않도록 사전에 정신교육?을 철저하게 시켜야 한다.

선교 후에 회계 보고를 하겠지만 사실상 남는 것은 없어야 한다. 공동경비가 애매하게 남을 경우 요즘식으로 n분의 1로 나누는 것이 아니라 선교이기에 선교지에 헌금하는 것으로 하는 것이 좋다. 아무리 선교가 좋은 것이지만 돈 문제에 대해서는 엄청나게 예민하기 때문에 실컷 선교해놓고 돈 몇천 원 때문에, 밥 먹는 것 때문에 마음이 상하여 분위기를 엉망진창으로 만들 수 있음을 기억해야 한다. 해서 사전에 원칙을 세워서 미리 숙지하고 마음의 준비를 해야 한다.

넷째, 선교사님과 지속적인 소통이 필요하다. 지금이 2023년 4월 3일이다. 우리는 6월 5일에 일본으로 단기선교를 간다. 이미 지난 2월에 광고가 되고 인원이 가득 차서 바로 선교 준비에 돌입했다. 그리고 한 달이 지난 지금 전화 통화만 10번이 넘었고, 톡은 지금도 수시로 주고받고 있다. 피차 알아서 하겠지⋯. 이런 것까지 물어봐야 하나라고 하는 것까지 물어봐야 한다. 의구심이 없어야 한다. 그리고 선교팀에서 업데이트 되고 있는 일정이 변동사항들을 실시간으로 선교사님께 알려드려야 하고, 또 선교사님의 요청사항도 항시 실시간으로 선교팀에게 알려줘야 한다. 아예 선교가 확정되면 선교사님과 인솔자, 팀장은 단톡으로 묶어서 계속 소통하는 것이 좋다.

다섯째, 선교지 가서는 선교사님 말씀 잘 들으면 된다. 구체적인 의문점은 이 책을 통해 조금이나마 해소되길 바란다.

내가 가진 재능, '마카롱 클래스'로
일본에 복음을 전하다

큰빛교회 손민지 집사
(명지 카페스이 대표)

첫 선교의 시작은 고등부 필리핀으로 비전트립을 시작으로 해외 선교를 가게 되었다. 동기들과 함께 가는 것도 함께 준비해서 작은 것을 나눠주고 예수님을 전하는 것이 보람찼다. 그 후로 기회가 되면 선교에 동참하려고 노력했다. 선교에 대한 사명이 있어서 선교를 가기보다는 외국을 가는 것이 좋았던 나의 마음이 앞섰었다. 이 생각을 바꾸게 된 계기는 대학교 입학해서 처음으로 간 일본 오사카 선교였다. 일본 선교하러 가기 전에 일본 문화에 대해서 일본어에 대해서 작게나마 훈련을 받게 되었다. 일본 선교를 하러 가서는 문화 탐방과 찬양을 부르는 것이 다였지만, 준비하는 과정에 진지하게 임했다. 일본 오사카에 가서 처음 일본을 경험하고 일본사람들의 정서와 일본 분위기를 느끼고 길거리에서 찬양을 부르고 이동과정 중에 같이 간 선교팀원과 일본 선교를 오게 된 계기에 대해서 나누고 교제를 하였다. 이때 일본 선교가 내가 일본을 좋아하게 된 계기가 되었고, 그때부터 일본 문화를 접하려고 노력을 했다.

큰빛교회가 명지로 들어오게 되면서 도시 선교라는 타이틀로 선교 서적을 읽고 훈련을 받게 되었다. 제일 첫 번째가 그 도시에 사는 것, 그곳에서 함께 살아나가는 것, 그들의 친구가 되어 주는 것 이렇게 적혀 있던 구절이 머리를 스쳐 지나갔다. 그 구절 하나로 하나님이 진정으로 나를 명지에서 도시 선교하게 하신 것이라면, '내가 이곳에서 사업을 해야겠다.'라고 생각을 했고 기도를 했다. 그때 세운 나만의 선교 아이덴티티는 [젊은 청소년, 청년, 신혼부부, 아기 엄마들에게 디저트, 베이킹클래스: 질 높고, 맛이 보장되고 정직하게 하는 힐링할 수 있는 공간과 시간을 제공해주고 기쁨과 그들의 이야기를 들어 주고 공감해주는 그리고 함께 성장할 수 있는 친구 같은 베이킹 선생님 그리고 카페 사장으로 헌신하겠습니다.]라고 작성을 하고, 나에게 정확한 선교를 심어주었던 일본 선교를 기억하고, 일본의 그 정서가 내가 세운 정신과 일맥상통해서 일본식으로 카페를 준비해서 오픈하게 되었다.

믿지 않는 가족들에게 명지에서 카페하는 것이 참 큰 설득이었지만, 하나님이 강한 마음을 주셨고, 분명 깨닫게 되는 부분이 있겠다 싶어서 가족들을 설득하고 잠을 줄여가며 완벽하게 일본식으로 해석하는 카페를 준비하게 되었다. 감사하게도 열심히 준비한 덕분에 많은 사람이 오게 되었고, 주일은 휴무하는 체계로 현재까지 운영 중이다.

일본식 카페를 했으니, 일본어가 배우고 싶어서, 나의 블로그에 일본어 과외를 구한다고 일기처럼 썼는데, 감사하게도 다른 교회 집사님이신 지금의 선생님께서 일본어를 가르쳐 주고 계신다. 일본어를 공부하면서 계속해서 일본을 좋아하게 되었고, 일본여행을 1년에 4~6번을 가게 되면서, 일본에서 살고 싶다는 생각까지 하게 되었다. 내가 판매하는 것들이 일본식으로 해석되어 일본의 장인 정신과 일본의 정직한 자세를 접목하게 되었고, 일본에서 유학하고 싶다는 생각을 하게 되었고, 현재도 고민 중이다. 그래서 일본 나고야에 선교하기 시작했을 때, 선교팀장으로 섬기게 되었고, 그동안 받은 훈련을 토대로 선교를 준비하게 되었다. 일본에 관해서 공부하고 일본에 대해서 알게 되고 일본사람들이 무엇을 좋아하는가를 생각하고 준비를 하게 되었고, 그러다 보니 일본이 그냥 좋았다. 분명 안 좋았던 기억도 있었겠지만, 그냥 선교를 준비하는 동안 선교를 가 있는 동안 일본이 좋아지고 일본이라는 단어만 들어도 눈물이 났다.

처음 나고야 선교를 갔을 때, 일본사람들과 한국어 교실을 하면서 교제를 하게 되었고, 일본 나고야가 어떤 곳인지에 대해 알아가는 시간이 되었다. 함께 새벽기도와 수요예배를 참석하면서 일본을 위해 기도를 하는 첫 나고야 선교가 되었다. 두 번째 선교하러 갔을 때는 내가 실질적으로 할 수 있고 가능한 것이 무엇인지를 생각하는 과정 중에, 베이킹 클래스를 처음으로 시작했던 품목인 마카롱 수업을 하게 되었다. 일본사람들은 기념품이나 디저트를 대하는 자세가 정말 다르므로 가능하다고 생각을 했다. 그래서 마카롱 클래스를 일본인 대상으로 준비를 하게 되었고, 나는 1:1로 특화되어있는 수업을 했기에, 어떻게 하면 좀 더 많은 사람과 수업을 할 수 있을까를 고민하다가, 명지 사람들에게 선교도 할 수 있는 기회로 문화센터 수업을 하게 되었고, 다수의 수업을 미리 연습하게 되고 훈련하게 되었다. 일본과 한국의 환경 차이로 변수가 있었지만, 나고야에 가서 일본사람들에게 마카롱 수업을 하면서 너무 뿌듯함이 있었다.

내가 가진 재능으로 헌신할 수 있는 것이 딱 알맞은 마카롱 수업이라고 생각한다. 이 재능을 주신 것도 하나님이시니 헌신할 기회에 헌신하게 되어서 기뻤고, 반응이 너무 좋아 다음번에도 진행해달라는 요청이 있었다.

두 번째 마카롱 교실을 준비해서 갔을 때는 일본어로 수업

내용을 외워서 준비했다. 일본어 선생님과 여러 번의 시뮬레이션과 일본어 문장 교정, 그리고 일본어 레시피까지 아주 부족함이 없게 준비를 했다. 이때 감사하게도 믿지 않는 나의 남동생과 엄마가 함께 가게 되었다. 교회를 다니지 않아 선교하러 같이 갈 수 있을까?라는 생각을 많이 하면서도 기도로 준비를 많이 했다. 더 너무나 감사하게도 남동생의 선교비 전액 지원으로 일본사람들에게 선물할 디저트도 직접 만들어 갔다. 엄마와 함께 일한 그 합으로 일본어로 준비한 마카롱 수업은 성공적이었고 또 다음으로 진행한 수업도 만족도가 높았다. 이번에는 간증할 수 있는 시간이 있었는데, '가족과 함께 선교를 올 수 있어서 행복하다.'라고 간증을 했다. 그리고 엄마가 일본 성도들을 위해 음식을 준비하고 섬기는 모습이 아직도 생생하다. 그래서 가족구원을 위해 기도하고, 그때를 추억한다.

그때 선교가 끝나는 마지막 날 내가 한 기도가 있는데, '하나님 가족들과 함께 선교할 수 있게 해 주셔서 감사합니다. 물질적인 것이 제일 걱정이었는데, 하나님께서 감동을 주셔서 동생이 헌신할 수 있게 해 주셔서 감사합니다. 비록 지금은 하나님을 믿지 않지만, 함께 사업을 하면서 꼭 물질적으로 선교하는 사업가가 되게 해주세요.'라고 기도를 했다.

매년 갈 수 있을 거라 생각했던 일본 선교가 코로나로 중단이 되었고, 4년이 지난 지금 하늘길이 열리게 되어서 일본 선교를 준비할 수 있게 되었다. 마카롱 교실은 나고야에 한 교회에서만 진행 했던 것을 다른 교회에서 요청으로 한 곳을 더 가게 되었고, 예전보다 빡빡한 일정이지만 기왕 더 섬길 수 있음에 감사하는 마음으로 섬기려고 기도하고 하고 있다.

이번 선교를 준비하면서 강력한 기도 제목이 하나 더 생겼다. 매일 기도 일기를 쓰면서 하는 기도이지만 내가 좀 더 자유롭게 자주 선교 가는 것이 진짜 나에게 원하시는 하나님의 뜻이라면 지금 현 사업장이 내가 있지 않아도 엄마한테 맡기고 가는 구조가 아닌 나를 서포트 해 줄 수 있는 엄마와 함께 일본 선교하러 갈 수 있는 시스템이 확립되어야 하고, 선교에 필요한 물질이 절대적으로 넉넉하게 채워지고 흘러가야 한다고 생각이 들고 그렇게 기도하고 있다. 이 두 가지가 이루어져야 즐겁고 자원하는 마음으로 선교에 임할 수 있다고 생각한다.

그리고 가족의 구원도 중요하기에 선교를 통해 함께 기도하는 마음이 생기고 함께 섬기는 마음이 생긴다면 그곳에서도 역사하시는 하나님이 엄마에게 구원을 선물로 주시지 않을까 하는 기대감이 있다. 이번 선교를 통해 하나님이 뭘 훈련하고 무엇을 깨닫게 하실지에 대해서 기도하며 준비하고 있다.

하나님 일을 하면서 즐거움을 느끼는 것이 제일 작게나마 접근할 수 있는 영역이 선교라고 생각한다. 나의 가진 것을 나눠주고 나의 시간, 재능을 나눠주고 그들을 위해 기도해주는 것, 그곳에서 나의 역할이 교회를 높은 문턱이라고 생각하는 이들에게 그 문턱을 낮춰주는 것, 그 다리 역할을 해주는 것이 내가 생각하는 선교라고 생각한다. 하나님께서 지금 나에게 이런 기도 제목과 마음을 주시는 것에 감사하고 구체적으로 현실적으로 준비를 해서 선교하려고 사업하는 선한 영향력을 가진 사업가가 되고 싶고, 많은 사람에게 귀감이 되는 존재가 되고 싶다.

일본 선교만큼은
쉽게 생각하지 말고 신중히 접근하자,
그리고 포기하지 말자

황경수 선교사
일본개혁파 나가쿠테교회

164와 0.5

이 이야기부터 해야 할 것 같다. 이 숫자는 무엇을 말하는 것일까? 이것은 일본 선교의 현주소로 인지해야 할 숫자이다. 물론 부정적인 의미로 다가오지만, 이것을 겸허하게 받아들일 필요도 있다. '164'라는 숫자는 미국개신교 선교사가 금교령을 뚫고 일본에 발을 들였던 1859년부터 지금 2023년까지의 햇수이다. 즉 2023년 올해 일본 개신교 선교 164주년이 된다. 그동안 미국을 비롯한 호주, 캐나다 그리고 유럽 여러 나라의 선교사들이 일본에 복음을 심기 위해 수많은 노력을 해 왔다. 그것을 일

일이 말하기는 지면이 부족할 뿐이다.

서양 선교사들이 일본에 쏟아부은 열정은 이루 말할 수 없을 정도이다. 교회당, 학교, 병원, 기업, 요양 시설 등등, 그 유산들은 여러 곳에 흩어져 있고 번영의 길을 걷고 있는 것 같다. 한국도 마찬가지이지 않을까 싶다. 그러나 그 건립이념이나, 창립이념은 찾아보기 힘들 정도 희석되고 말았다. 그냥 '이 학교가 기독교 학교이구나', '이 기업이 기독교 이념으로 세워졌구나'라고 짐작할 뿐이다. 물론 그 역사를 꼼꼼히 따져 보면, 그 뿌리가 개신교 선교로 시작되었다는 것을 알 수 있다.

그러면 '0.5'라는 숫자는 무엇일까? 일본의 개신교 신자수를 알려주는 수치이다. 일본의 대표적 개신교는 일본기독교단, 일본동맹교단, 장로교, 개혁파교회, 일본성공회, 일본침례교회, 루터파교회인데, 2017년 통계(동경기독교대학 국제선교센타 산하의 일본선교리서치 JMR) 에 의하면 신자수는 60만 명으로 알려져 있다. 즉, 일본 인구의 0.5%만이 개신교신자라고 할 수 있다. 즉 200명이 모인 곳에 한 명만이 크리스찬이라고 보아도 무방하다는 말이 된다.

그러면, 여기서 신앙이 있고, 선교와 전도에 관심이 있는 분이라면, 누구든지 '일본은 164년간 무엇을 했지'라고 의문을 가질 것 같다. 이것에 대한 여러 견해들이 있을 수 있는데, 일단 숫자적인 개념으로는 일본 선교사는 실패했다고 봐도 무방할 것이다. 일본 선교를 위해 그렇게 힘을 쏟던 서양선교사들은 2,30년 전 대부분 일본 선교를 포기하고 철수했다는 견해가 타당하다고 보인다. 단지 한국 선교사들만 그 자리를 묵묵히 지키고 있을 뿐이다. 신자라면 누구나 가질 수 있는, '언젠가 일본교회가 부흥되어 땅 끝까지 전도할 것'을 기대하며 기도하며 오늘을 살고 있을 뿐이다.

그런데 이렇게 안주하는 것이 맞을까라고 반문해 본다. 세계 어느 선교지에서도 일반화된 선교방법으로는 서양선교사들과 똑같은 결과를 만들 수밖에 없다. 그래서 KPM 일본 선교사들은 가는 곳곳마다, 선교보고 할 때마다 '일본 선교는 다릅니다. 다르게 접근하셔야 합니다'라고 말하지만, 한국교회는 그 말을 귀담아듣지 않는다는 느낌이 강하다. 원래 선교라는 것이 충분한 리서치와 합당한 전략을 가지고 장기적으로 접근해야 하는데, 일본 선교는 이미 많은 자료를 가지고 있기 때문에, 그것에 특화된 방법으로 접근해야 한다. 그리고 먼저 선교사에게 물어보아라

주도하는 선교가 아닌, 현지교회와의 협연

2013년 4월 벚꽃이 만개한 어느 주일, 일본개혁파교회중 가장 큰 교회 중 하나라고 할 수 있는 신코교회(고베소재)에서 첫 예배의 경험이 아직도 잊혀지지 않는다. 본당 2층에는 파이프오르간이 천정 꼭대기까지 닿여 있고, 그 아무 장식을 찾아볼 수 없는 군더더기 없는 공간에는 강대상, 성찬대, 세례반, 그리고 성도가 앉는 의자뿐, 개혁적인 냄새가 물씬 풍기는 예배당이다. 물론 건물은 중세의 것과 다른 태양광을 충분히 받아내는 현대적인 건축물이다.

그날은 고베개혁파신학교 연구 과정으로 들어가서 1년이 지난 뒤, 좀 더 구체적으로 말하면 개혁파에서 사역할 것을 결정한 뒤, 파견교회에서 첫 예배였다. 심금을 울리는 예배 전 찬양도, 성도의 소근거리는 담화 소리도 들리지 않는다. 예배는 파이프오르간의 전주로 시작되고, 담임목사는 예배로의 부름으로 안내한다. 그 어떤 잡음도 들리지 않는, 오히려 나의 심장 소리가 들릴 정도의 엄숙함이 나를 짓누르는 것 같았다. 그 당시 44년간의 고신의 교회생활을 해 온 나로서 처음으로 경험된 것들이었다.

현재 개척 중인 나가쿠테교회도 일본개혁파에 소속된 교회이며, 신코교회처럼, 모던한 건물도, 파이프오르간이 있는 웅장한 스케일의 예배당은 결코 아니다. 물론 개척된 지 8년 된 교회일 뿐, 성도들도 손가락으로 꼽을 정도이다. 단지 우리 교회도 그 어떤 장식이 없다. 오로지 강대상 성찬대, 작은 오르간(일본개혁파교회는 피아노에도 거부반응을 보인다), 성도가 앉을 수 있는 의자만 있을 뿐이다. 그래서 더더욱 건전한 교회를 세우기 위해, 참된 교회의 표지인 주의 말씀의 올바른 선포와, 합당한 성례전의 집행만 있을 뿐이다.

우리교회는 한국교회에 익숙한 가스펠도 거의 부르지 않는다. 그렇다고, 개혁교회에서 불려지는 시편가도 부르지 않는다. 이러면 안 된다고 내 속사람과 싸우기도 한다. 예화가 없는 설교, 웨스트민스터 신앙고백과 대교리 소교리문답, 하이델베르크신앙문답 중심의 주일성인성경공부, 그리고 수요기도회에는 크로스웨이를 번역하여 하나님의 구원의 계획(구속사)에 대해 집중적(지난 8년간)으로 공부하고 있다. 느리고 더디고, 쉽지 않지만, 이들의 입에서 '죄인을 향한 하나님의 마음이 그런 것입니까'라는 반응이 나올 때, 나는 단지 미소 지을 뿐이다.

그래도 선교사인지라, 한국의 강점을 나타낼 수 있는 문화선교는 개척부터 쭉 이어오고 있다. 한글교실, 요리교실, 김치교실 등, 지난 팬데믹 동안에는 잠시 중지 되었지만, 올해는 6월에 마카롱 교실 계획도 세워놓고 있다. 그렇게 그리스도의 복음에는 철벽을 치고 있는 일본인들도 한국문화에는 무장 해제될 때가 많다. 그래서 더더욱 전문성을 띤 문화를 들고 와서 그들과 잦은 접촉과 장기적인 접촉을 이어 갔으면 한다.

그래도 일본은 아직 선교지일 뿐, 보이지 않듯 손짓할 뿐

2차 전도여행을 준비하던 전도자들은, 1차 전도여행과 예루살렘회의 결과를 숙지했을 것이다. 아니나 다를까 그들의 계획은 물로 빠져 버린다. 성령의 인도는 확고하고, 그것을 확인할 수 있는 방법으로 전도자에게 알린다. 그리고 아무 정보도 없이, 아무 준비도 없이, 그냥 그 사인만 보고 달려간다. 이 이야기는 초대교회의 선교활동이다. 약 2천년의 갭이 있다. 그 때는 전도와 선교를 막 시작했을 뿐이다. 신약교회는 예수님의 지상명령을 기억하며, 끊임없이 땅 끝으로 향했다.

어떤 선교학자는 '복음은 서진한다'고 말했다. 그리고 어떤 신학자는 백 투 예루살렘을 외친다. 그것이 성경적인가, 신학적인가라는 의문에는 또 다른 사람들이 충분히 답을 하겠지. 하지만 중요한 것은 계획대로 서진하던 복음이 유독 구멍을 메우지 못한 곳이 있는데, 그곳이 일본이다. 이미 지나간지 오래 되어서 잊을 버릴 듯한데, 바울의 꿈속에 나타나 손짓하던 마게도냐

사람처럼, 신실한 선교사와 교회를 향해 팔이 아플 정도 손짓을 하고 있다. 시대를 지내며 수많은 사람들이 그 손짓을 보았는지 보지 못했는지, 아직도 손짓하고 있다(이미 이곳을 지나간 선교사들은 그들의 열정에 의한 것이었겠지!!).

일개의 선교사인 나에게도 꿈이 있다. 일본 선교사가 된 것도 일본인들의 눈물을 훔쳐 주기 위함이며(물론 하나님이 원하신다), 목이 곧은 일본인들이 그리스도의 복음에 미쳐 땅 끝으로 나갈 날을 기대하고 있다. 언젠가는 나가쿠테 교회의 아이들이 선교사로 헌신할 날이 있지 않을까 하고. 이들을 위해, 한두 사람 앞에서 영어교실을, 비전학교를, 그리스도의 사랑을 전해줄 교회가 필요하고 그들을 훈련해서 실적을 남길 목적이 아닌, 한국교회의 헌신 된 자들이 정말 잘하는 것들로 재능 나눔을 해주면 좋겠다. 그래서 그 손짓을 멈추게 했으면 좋겠다. 단기선교 팀을 꾸릴 때, 먼저 참여자의 재능 확인이나 계발을 하시는 것도 좋을 듯.

소규모로 나누어 선교지로 떠나라

부산 ㅊㅅ교회가 김치선교(팬데믹 이전 5년간)를 할 때부터, 다른 교회가 문화선교를 감당하고자 할 때마다, 항상 빠지지 않고 말하던 것이 있다. '최대한으로 9명입니다', 이것도 많은 편이지만, 10인승을 렌트하면 딱 맞는 인원이기 때문이다. 제일 적정선은 5명이면 딱 적당할 것 같다(황선교사 차량이 8인승, 여행용 가방을 싣는다는 가정하에). 한번은 2018년도에 미국 알타란타에서 20여명의 재미3세 대학청년들이 와서 영어교실을 한 적이 있다. 조그만한 예배당에서 파워풀한 영어캠프를 한다고 상상해 보라. 한국인인 우리로서는 너무 감사한 시간이었다. 하지만, 일본 성도님들은 그 분위기에 압도되어 지금도 그것에 대해 그 어떤 반응도 하지 않는다.

5~6명으로 구성된 팀을 몇 팀을 만들어 몇 교회로 동시에 보내는 것도 좋지 않을까. 보낼 때, 선교지의 선교사와 충분한 대화를 나누고 1년이던 2년이던 준비하여 꾸준히 반복적으로 장기적으로 그 교회를 섬겨주면 좋지 않을까 한다. 선교사들은 이미 선교에 대해 전문가로 인식해 주면 좋겠다. 단기 선교를 준비하기 전부터 지역과 협력할 수 있는 교회를 선정하고 선교사와 긴밀한 대화를 이어가며 전략을 짰으면 한다. 그 교회가 필요로 하는 선교를 해 주면 더 좋을 것 같다.

마라나타, 선교의 완성

일곱째 천사가 소리 내는 날 그의 나팔을 불려고 할 때에 하나님이
그의 종 선지자들에게 전하신 복음과 같이 하나님의 그 비밀이 이
루어지리라 하더라 하늘에서 나서 내게 들리던 음성이 또 내게 말
하여 이르되 네가 가서 바다와 땅을 밟고 서 있는 천사의 손에 펴
놓인 두루마리를 가지라 하기로 내가 천사에게 나아가 작은 두루
마리를 달라 한즉 천사가 이르되 갖다 먹어 버리라 네 배에는 쓰나
네 입에는 꿀 같이 달리라 하거늘 내가 천사의 손에서 작은 두루마
리를 갖다 먹어 버리니 내 입에는 꿀 같이 다나 먹은 후에 내 배에
서는 쓰게 되더라 그가 내게 말하기를 네가 많은 백성과 나라와 방
언과 임금에게 다시 예언하여야 하리라 하더라 _ 계 10:7-11

말씀을 먹으면 선교를 향하게 된다. 술을 먹으면 술냄새가
나고, 고기를 먹으면 온몸에 고기 냄새가 배인다. 마찬가지이
다. 말씀을 먹으면 선교냄새가 나게 된다. 하늘로 올라가 장차
일어날 일들을 보고 있는 요한에게 두루마리를 먹고 다시 내려

가서 온 열방에 말씀을 전하라고 한다. 물론 사도 요한은 고령의 나이로 유배지에서 풀려나 얼마 지나지 않아 주님의 부름을 받게 된다. 바울 역시 땅 끝까지는 가지 못했다.

선교의 사명은 바울이나 요한에게만 주어진 것이 아니다. 이 성경을 읽는 사람, 이 말씀을 먹는 사람에게 주어진 것이다. 대한민국은 참으로 잘 산다. 그리고 참으로 바쁘고, 피곤하다. 해야 할 것이 너무 많다. 모든 것이 빠르게 변화하고 있다. 그런데 또 우리는 그 모든 변화에 발맞추어 살아간다. 참! 대한민국 사람들이란…. 그 어려운 것을 또 해낸다.

그렇다! 우리는 대한민국 사람이다. 그리고 하나님 나라 백성이다. 그 어려운 선교를 또 해내야 한다. 현실에 안주하고 싶은가? 그동안 고생했으니 이제 나를 위한 삶을 살아야 하는가? 아마 사도 요한도 그런 마음이지 않았겠는가? 하늘나라에 올라갔는데 다시 내려오고 싶은가?

이 구절을 대할 때마다 생각나는 찬송이 있다. "밤 깊도록 동산 안에 주와 함께 있으려 하나! 괴론 세상에 할 일 많아서 날 가라 명하신다"

그렇다! 나도 나름 담임목회를 하고 있고, 사춘기 두 자녀와

실랑이를 하며 나보다 더 바쁜 아내와 함께 개와 고양이도 키워야 하고… 책도 써야 하고…그런데 이 바쁜 와중에, 없는 살림에 선교까지 한다고 하니…그 어려운 것을 해내게 하시는 분은 하나님이시다.

나는 선교를 부담스러운 짐이라고 생각하지 않는다. 오히려 내 목회와 삶의 활력소이다. 내가 좋아서 하는 것이다(아! 나는 진정 선교 체질인가?). 시켜서 하는 것도 아니다. 무슨 대가를 바라고 하는 것도 아니다. 이 책을 쓰기 위해서 선교를 한 것도 아니다.

우리는 우리에게 주어진 땅 끝에서 주님을 만나게 될 것이다. 마치 계주처럼 내가 달릴 만큼 달리고 다음 사람에게 바통을 넘겨주듯이 바울에게 넘겨받은 이 선교의 바통이 어느새 지금 내 손에까지 와 있다. 선교라는 유산은 수천 년 된 보물보다 더 값지다.

선교는 주님의 명령이고! 주님이 이 땅의 선교사로 오셨고! 지금도 성령님을 통해 선교를 진행 중이시다. 선교를 통해 복음이 확장되고, 하나님 나라가 완성하게 될 것이다. 우리는 그 세상 끝에서 주님을 기다리며 이렇게 외쳐야 한다.

'마라나타! 아멘 주 예수여! 오시옵소서! 아멘'